Grammar **joy 2**

Start

저자 | 이 종 저

이화여자대학교 졸업
Longman Grammar Joy 1, 2, 3, 4권
Longman Vocabulary Mentor Joy 1, 2, 3권
I am Grammar 1, 2권
Grammar & Writing Level A 1, 2권 / Level B 1, 2권
Polybooks Grammar Joy Start 1, 2, 3, 4권
Polybooks Grammar Joy 1, 2, 3, 4권
Polybooks 기본을 잡아주는 중등 영문법 1a,1b,2a,2b,3a,3b권
Polybooks 문법을 잡아주는 영작 1, 2, 3, 4권
Polybooks Grammar joy & Writing 1, 2, 3, 4권
Polybooks Bridging 초등 Voca 1, 2권
Polybooks Joy 초등 Voca 1, 2권

감수 | Jeanette Lee

Wellesley college 졸업

Grammar **joy** Start **2**

지은이 | 이종저
펴낸곳 | POLY books
펴낸이 | POLY 영어 교재 연구소
기 획 | 박정원
편집디자인 | 이은경
삽화 | 이수진
초판 1쇄 인쇄 | 2015년 4월 25일
초판 21쇄 발행 | 2023년 07월 10일

POLY 영어 교재 연구소

경기도 성남시 분당구 황새울로200번길 28 1128호
전화 070-7799-1583
ISBN | 979-11-955230-3-0
        979-11-955230-0-9(set)

Grammar joy 2

Start

Preface

그동안 Grammar Mentor Joy에 보내 주신 아낌없는 사랑과 관심에 힘입어 저자가 직접 Grammar Joy Start 시리즈의 개정판을 출간하게 되었습니다. 이에 더욱 학생들의 효과적인 학습에 도움이 되도록 더 많은 관심과 정성으로 교재를 개발하게 되었습니다.

영어는 4가지 영역(듣기, 말하기, 읽기, 쓰기)과 문법이 고르게 학습되어야 한다고 생각합니다. 어느 하나도 놓칠 수 없는 언어의 영역들이기 때문입니다. 말하기, 듣기에 치중하던 어린 학생들도 영어의 구조를 알게 되면 영어를 더 잘 이해할 수 있으므로, Grammar Joy 시리즈를 공부하는 학생들보다 더 어린 학생들도 Grammar를 학습하기를 원하고 있습니다.

본 교재는 본인이 현장 경험을 바탕으로 학습하는 학생들의 눈높이에 초점을 맞추어 만들었습니다. 특히 이번 개정판에서는 좀 더 난이도를 낮추어 처음 grammar를 접하는 학생들에게 부담없이 즐거운 학습이 되도록 체계적으로 정리하였습니다.

첫째, 어린 학생들에게 알맞은 단어를 선정했습니다. 학생들은 문장 중에 어려운 단어가 많으면 학습하고자 하는 문법 내용에 치중하지 못하고 싫증을 내고 맙니다.

둘째, 학생들에게 시각적으로 인지가 쉽도록 문제 유형을 다양하게 만들었습니다. 특히 학년이 낮을수록 시각적인 인지가 빠르고 예민합니다. 따라서 학생들이 pattern별로 가볍게 접근하도록, Grammar를 친근한 수학공식처럼 단순화시켜 익히도록 했습니다.

셋째, 이미 학습한 grammar는 3~4 개의 unit을 공부한 후 Review test를 통해 다져질 수 있도록 했습니다.

넷째, 본 교재는 저자가 직접 집필하고 출판하는 만큼 문제의 흐름과 유형 하나 하나가 학생들의 편안하고 흥미로운 학습이 될 수 있도록 고려하였습니다.

다섯째, Grammar Joy 시리즈의 하위 단계로서 상위 단계인 Grammar Joy와 기본을 잡아주는 중등 영문법(Grammar Joy Plus)을 공부하기 위한 단단한 초석이 됩니다..

모든 학생들이 그렇지만 특히 어린 학생들은 교재를 선택할 때 쉬운 교재로 시작해야 합니다. 그리고 교재내용은 30~50%는 이미 알고 있는 내용에 배워야 할 새로운 내용이 덧붙여져야 한다고 봅니다. 이러한 학습은 이미 배운 내용을 복습하면서 새로운 내용을 학습하는 나선형 구조의 학습이 되므로, 학생들이 최종 목표인 Grammar Joy와 기본을 잡아주는 중등 영문법(Grammar Joy Plus)를 훨씬 배우기 쉽고 재미있는 공부하도록 해 줄 것입니다. 그리고 동일한 저자가 쓴 같은 시리즈로 연계하여 공부하게 되면, 하위 단계부터 상위 단계까지 전체의 흐름을 가지고 구성하게 되므로, 무리하고 비효율적인 중복을 피할 수 있고, 체계적인 반복과 학습으로 탁월한 학습 효과를 얻을 수 있습니다.

아무쪼록 이제 grammar의 첫 발을 내딛는 여러분이 최종 목적지까지 즐겁고 보람 있는 여행이 되길 바랍니다.

그동안 이번 시리즈를 출간하느라 함께 이해하며 동행해 주었던 이은경님께 아울러 감사드립니다.

저자 이종저

Contents

Joy Start 1 Series Contents

Guide to This Book

1 Unit별 핵심정리

초등학교 저학년 학생들에게 꼭 필요한 핵심적인 문법을 제시하여 쉽게 이해할 수 있도록 하였습니다.

2 Warm Up

Unit에서 다룬 핵심 내용에 대해 간단하게 확인 체크할 수 있는 문제형태로 Grammar 개념에 대한 이해 여부를 문제를 풀어 보면서 연습할 수 있도록 하였습니다.

3 기초 다지기

학습한 Grammar의 내용을 다양한 형태의 기초적인 문제로 제시하여 앞에서 배운 내용을 복습할 수 있도록 하였습니다.

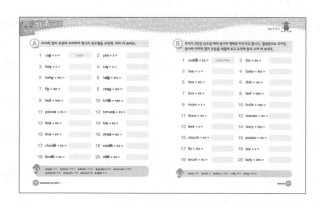

4 꼭꼭 다지기

기초 꼭 다지기의 확장된 문제로, 제시된 문제들을 풀어 보면서 문법 개념을 확실히 확인하고 이해할 수 있도록 하였습니다.

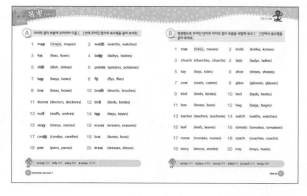

5 실력 다지기

각 Unit에서 가장 심화된 형태의 문제로, 문법 개념이 적용된 문제를 풀면서 응용력을 동시에 익힐 수 있도록 하였습니다.

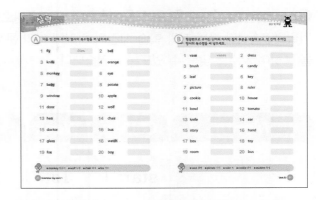

6 Review Test

앞서 배운 Unit들을 다시 한 번 테스트 함으로써 이미 학습한 내용을 확실하게 다질 수 있도록 하였습니다.

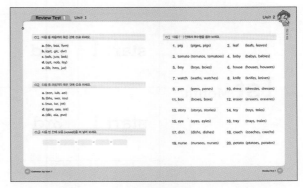

7 종합문제

최종 마무리 테스트로서 각 권에서 배운 전체적인 내용을 다양한 유형의 문제 형태를 통해서 다시 점검할 수 있도록 하였습니다.

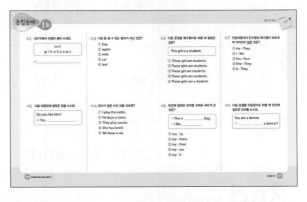

8 영단어 Quizbook

부록으로 제공되는 미니북 형태의 단어집입니다. Unit별로 학습 내용과 관련된 모든 단어를 정리하였습니다. Quiz를 수록하여 과제용으로 활용하거나 수업 중 학생들의 어휘 성취도를 주기적으로 점검할 수 있도록 하였습니다.

How to Use This Book

Grammar Joy Start Series는 전체 2권으로 구성되었으며, 각 권당 8주, 총 4개월의 수업 분량으로 기획되었습니다. 학습자와 학습 시간의 차이에 따라 문제 풀이 단계 가운데 일부를 과제로 부여하거나 보충 수업을 통하여 시수를 맞출 수 있도록 하였습니다.

Month	Course	Week	Hour	Curriculum (Unit)	Homework/ Extra Curriculum
1st Month	start 1	1st	1	**1.** 자음과 모음	
			2	**2.** 명사	
			3		
	start 1	2nd	1	**3.** 관사	▶Review Test
			2		
			3	**4.** 대명사	▶각 unit별 영단어 Quiz
	start 1	3rd	1		▶시수별 단어 풀이 과제 부여 또는 수업 후 단어 실력 테스트
			2		
			3	**5.** 인칭대명사의 격 변화	▶종합문제 풀이 과제 부여 또는 보충 수업
	start 1	4th	1		
			2	**6.** be동사	▶Review Test
			3		
2nd Month	start 1	1st	1	**7.** be동사의 부정문과 의문문	
			2		
			3		
	start 1	2nd	1		
			2	**8.** 일반동사	
			3		
	start 1	3rd	1	**9.** 일반동사의 부정문과 의문문	
			2		
			3		
	start 1	4th	1		▶Review Test
			2	**10.** 형용사	▶종합문제 풀이 과제 부여 또는 보충 수업
			3		

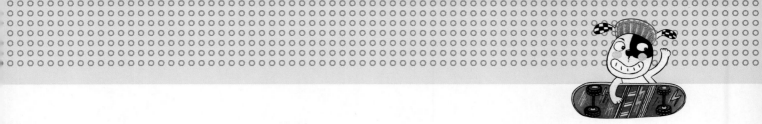

Month	Course	Week	Hour	Curriculum (Unit)	Homework/ Extra Curriculum
3rd Month	start 2	1st	1	**1.** There is ～, There are ～	▶각 unit별 영단어 Quiz ▶시수별 단어 풀이 과제 부여 또는 수업 후 단어 실력 테스트 ▶종합문제 풀이 과제 부여 또는 보충 수업
			2		
			3	**2.** 현재진행형	
	start 2	2nd	1		
			2		▶Review Test
			3	**3.** 의문사가 있는 의문문 1	
	start 2	3rd	1		
			2	**4.** 의문사가 있는 의문문 2	
			3		
	start 2	4th	1	**5.** 비인칭 주어 it	
			2		
			3		
4th Month	start 2	1st	1	**6.** 전치사와 부사	▶Review Test
			2		
			3		
	start 2	2nd	1	**7.** 명령문과 감탄문	
			2		
			3		
	start 2	3rd	1	**8.** 조동사 can과 접속사	
			2		
			3	**9.** 미래형	
	start 2	4th	1		▶Review Test
			2	**10.** 과거형	▶종합문제 풀이 과제 부여 또는 보충 수업
			3		

> ❝
> "Repeat,"
> "Repeat,"
> that is the best
> medicine for memory.
> -Talmud-
> ❞

Unit 01

There is~, There are~

There is ~, There are ~는
우리말로 '~이 있다'라는 뜻입니다.
이 때 there는 주어를 강조하기 위해
쓰는 말이므로 우리말로 해석할
필요가 없습니다.

There is~, There are~

There is, There are의 뜻은? There is, There are는 우리말로 '~이 있다'라는 뜻을 가지고 있습니다. 이 때, **there**는 주어를 강조하기 위해 쓰는 말이므로 우리말로 해석할 필요가 없습니다.

1 There is, There are 뒤에 올 수 있는 말

There is + 단수 명사	~이 있다
There are + 복수 명사	~들이 있다

ex. **There is** an apple in the basket. 바구니 안에 사과 하나가 있다.
There are two apples in the basket. 바구니 안에 사과 두 개가 있다.

There is + 셀 수 없는 명사	~이 있다

셀 수 없는 명사는 단수 취급하므로 **there is**를 사용합니다.

ex. **There is** some water in the bottle.
병 안에 약간의 물이 있다.

2 There is, There are의 부정문

be동사(is, are)뒤에 **not**만 붙이면 됩니다.

There is / are + not ~.	~(들)이 없다.

ex. There is a pig in the farm.

→ **There is not** a pig in the farm. 농장에 돼지가 없다.

There are a lot of pigs in the farm.

→ **There are not** a lot of pigs in the farm. 농장에 돼지들이 많이 없다.

3 There is, There are의 의문문

there과 be동사(is, are)의 위치만 바꾸고 문장 뒤에 물음표(?)만 붙이면 됩니다.

Is/Are + there ~?	~(들)이 있니?

ex. There is a pig in the farm.

→ **Is there** a pig in the farm? 농장에 돼지가 있니?

There are a lot of pigs in the farm.

→ **Are there** a lot of pigs in the farm? 농장에 많은 돼지들이 있니?

4 Is there ~?, Are there ~?의 대답

Is there ~?은 Yes나 No로 대답하며, 긍정이면 Yes, there is. 부정이면 No, there is not.으로 대답해야 합니다.

ex. Is there a pig in the farm?

긍정 – **Yes, there is.** 네. 그래요.

부정 – **No, there isn't.** 아니오. 그렇지 않아요.

Are there ~?은 Yes나 No로 대답하며, 긍정이면 Yes, there are. 부정이면 No, there are not.으로 대답해야 합니다.

ex. Are there a lot of pigs?

긍정 – **Yes, there are.** 네. 그래요.

부정 – **No, there aren't.** 아니오. 그렇지 않아요.

 다음 (   ) 안에서 알맞은 것을 골라 보세요.

1 There (is, are) a coat on the bed.

2 There (is, are) a bicycle by a big tree.

3 There (is, are) some people in the market.

4 There (is, are) ten cows in the field.

5 There (is, are) a lot of cheese on the tray.

6 There (is, are) a church near his house.

7 There (is, are) a lot of stars in the sky.

8 There (is, are) 24 cookies in a box.

9 There (is, are) a coin in my pocket.

10 There (is, are) 323 students in her school.

● people 사람들   ● market 시장   ● field 들판   ● a lot of 많은   ● tray 접시   ● church 교회
● near ~ 가까이에   ● star 별   ● cookie 과자   ● coin 동전   ● pocket 주머니

B 다음 (   ) 안에서 알맞은 것을 골라 보세요.

1 There are (a melon, ten melons) in the store.

2 There is (some Coke, some candies) in the glass.

3 There are (a pencil, three pencils) in my pencil case.

4 There are (a tree, five trees) in my garden.

5 There is (some strawberries, some water) in the cup.

6 There is (a computer, two computers) on the desk.

7 There are (a shirt, some shirts) on the bed.

8 There is (some potatoes, some butter) in the bowl.

9 There is (a ruler, five rulers) in his schoolbag.

10 There are (a dish, six dishes) in the kitchen.

● Coke 콜라   ● pencil case 필통   ● strawberry 딸기   ● computer 컴퓨터
● ruler 자   ● kitchen 부엌

A 다음 빈칸에 is 또는 are 중에서 알맞은 것을 써 보세요.

1 There _are_ four students from America.

2 There ____ some jam in the bottle.

3 There ____ a ball on the playground.

4 There ____ some bread in the basket.

5 There ____ three maps on the wall.

6 There ____ many blankets on the floor.

7 There ____ six books in my schoolbag.

8 There ____ a chair by the piano.

9 There ____ two pants for you.

10 There ____ a lot of milk in the basket.

● bottle 병　● basket 바구니　● blanket 담요　● floor 마루　● schoolbag 책가방
● by ~ 옆에　● pants 바지　● basket 양동이

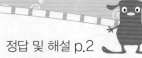

B 우리말에 알맞게 빈칸을 채워 보세요.

1 **There** **is** a mouse under the car.
자동차 아래 쥐 한 마리가 있다.

2 some juice in the glass.
유리잔에 약간의 주스가 있다.

3 four hamburgers for your family.
너의 가족을 위한 4개의 햄버거가 있다.

4 a ball on the playground.
운동장에 공이 하나 있다.

5 many buses on the street.
길 위에 많은 버스가 있다.

6 an English teacher in our school.
우리 학교에는 한 명의 영어 선생님이 있다.

7 a lot of high mountains in China.
중국에는 많은 높은 산들이 있다.

8 seven candies in my hand.
나의 손에 7개의 사탕이 있다.

9 some shampoo in the bottle.
병 안에 약간의 샴푸가 있다.

10 seven ships on the sea.
바다에 일곱 척의 배가 있다.

● **glass** 유리잔 ● **hamburger** 햄버거 ● **family** 가족 ● **playground** 운동장
● **street** 길, 도로 ● **mountain** 산 ● **China** 중국 ● **shampoo** 샴푸

A 주어진 문장을 부정문과 의문문으로 만들어 보세요.

긍정문	부정문
1 There is a table in his room.	*There* *isn't* a table in his room.
2 There are ten boys by me.	_____ _____ ten boys by me.
3 There are some ants in the hole.	_____ _____ any ants in the hole.
4 There is a kettle in the kitchen.	_____ _____ a kettle in the kitchen.
5 There is a girl on the stage.	_____ _____ a girl on the stage.

긍정문	의문문
6 There is a desk in her office.	_____ _____ a desk in her office?
7 There are two towels in the room.	_____ _____ two towels in the room?
8 There is a man at the door.	_____ _____ a man at the door?
9 There is a rug on the floor.	_____ _____ a rug on the floor?
10 There are a lot of bananas.	_____ _____ a lot of bananas?

●hole 구멍　●kettle 주전자　●stage 무대　●office 사무실　●towel 수건
●rug 양탄자

B 주어진 문장을 지시대로 바꿔 보세요.

1	There is a fish in the pond.	의문문 _Is there a fish_ in the pond?
2	There is oil in the bottle.	부정문 _____ in the bottle.
3	There is a cello behind the desk.	의문문 _____ behind the desk?
4	There are 30 dancers.	부정문 _____ .
5	There are two CDs in my bag.	의문문 _____ in my bag?
6	There is a lot of butter.	부정문 _____ .
7	There are my uncles in this picture.	부정문 _____ in this picture.
8	There is a man on the horse.	부정문 _____ on the horse.
9	There is a fly on the rice.	의문문 _____ on the rice?
10	There are ten airplanes at the airport.	의문문 _____ at the airport?

● pond 연못　● oil 기름　● bottle 병　● behind ~뒤에　● picture 그림, 사진
● fly 파리　● rice 밥, 쌀　● airplane 비행기　● airport 공항

A 주어진 물음에 알맞게 대답해 보세요.

의문문		대답
1	Are there many birds on the tree?	Yes, *there are* .
2	Are there Anne and Bill at the bank?	Yes, _____ .
3	Is there a little soda in the can?	No, _____ .
4	Are there six boys in this gym?	No, _____ .
5	Is there a sweater by the chair?	No, _____ .
6	Are there two doors in this room?	No, _____ .
7	Are there 7 days in a week?	Yes, _____ .
8	Is there an apple on the basket?	No, _____ .
9	Are there two beds in the room?	Yes, _____ .
10	Is there a map on the wall?	No, _____ .

●bank 은행　●a little 약간의　●soda 음료수　●gym 체육관　●sweater 스웨터
●day 날, 일　●week 주　●map 지도　●wall 벽

B 주어진 단어를 이용하여 우리말에 알맞게 빈칸을 채워 보세요.

1 _There_ _is_ _a woman_ in front of a truck. (woman)
트럭 앞에 여자가 있다.

2 ⬚⬚⬚ beside the sofa. (baby)
소파 옆에 아기가 없다.

3 ⬚⬚⬚ in the paper bag. (sugar)
종이봉투에 약간의 설탕이 있다.

4 ⬚⬚⬚ in the parking lot. (car)
주차장에 세 대의 자동차가 있다.

5 ⬚⬚⬚ in this soup. (salt)
이 수프에는 소금이 들어 있지 않다.

6 ⬚⬚⬚ at the park. (student)
공원에 많은 학생이 없다.

7 ⬚⬚⬚ in the zoo. (tiger)
그 동물원에는 다섯 마리의 호랑이가 있다.

8 ⬚⬚⬚ in this building. (bookstore)
이 건물에는 서점이 없다.

9 ⬚⬚⬚ in the vase. (flower)
꽃병에 한 송이의 꽃이 없다.

10 ⬚⬚⬚ in her car. (key)
그녀의 차에 두 개의 열쇠가 있다.

● beside ~옆에   ● sugar 설탕   ● salt 소금   ● soup 수프   ● paper bag 종이봉투
● parking lot 주차장   ● bookstore 서점   ● building 건물   ● vase 꽃병   ● key 열쇠

핫도그에는 왜 '개(dog)'가 들어갔을까?

핫도그는 전 세계인들이 매우 좋아하는 음식이죠? 이 음식에는 '프랑크 소시지'라고 부르는 기다란 모양의 소시지가 들어가 있는데 이름은 왜 핫도그인지 살펴보면 재미있는 일화가 있습니다.

1900년대 초, '프랑크 소시지'가 아직 미국 전역에 대중화되지는 않았을 때의 일이다. 그래서 이 소시지에 대한 명칭 역시 통일되어 있지 않아서, '프랑크푸르트, 프랑크, 위너, 레드 핫, 닥스훈트 소시지' 등으로 제각기 불렸다고 한다.

미국의 한 매점업자인 해리 스티븐스라는 남자가 이 소시지를 야구 경기장을 찾는 관람객들에게 팔았다. 뉴욕 자이언트의 홈구장에서, 스티븐스의 행상인들은 "레드 핫 닥스훈트 소시지 사세요!"라고 소리치면서 소시지를 팔기 시작했다.

어느 여름날, 허스트 신문의 만화가 토머스 알로이시우스 도건이 야구장을 찾았다가 이 소시지 행상인들을 보았다. 도건은 집에 돌아와 그 행상인들과 소시지를 소재로 하여 만화를 그리게 되었다. 이때 프랑크 소시지가 마치 허리를 굽히고 있는 개처럼 구부러진 모습과 행상인의 '외치는' 소리에서 영감을 얻어, 진짜 닥스훈트 개가 겨자를 뒤집어쓰고 샌드위치 빵 속에 들어가 있는 희한한 모습의 만화를 그리게 된 것이다.

이 만화를 다시 손보는 과정에서, 도건은 '닥스훈트(Dachshund)'라는 개의 스펠링을 쓸 수가 없어서, 그냥 '도그'라고만 쓰기로 한 후 만화 밑에다가 "핫도그 사세요!"라고 쓴 것에서 오늘날과 같은 핫도그라는 이름을 갖게 된 것이다.

Unit 02

현재진행형

현재진행형은 현재 하고 있는 동작을
나타낼 때 쓰는 표현으로
'be동사 + 동사 원형 ing'로
나타냅니다.

Unit 02 현재진행형

현재진행형이란? 현재 진행 중인 동작을 나타냅니다.
우리말로는 '∼하고 있는 중이다, ∼하고 있다'라고 해석합니다.

1 현재형과 현재진행형

현재형	사실이나 습관
현재진행형	지금 하고 있는 동작

ex. 현재형 〈습관〉 **I drink** a cup of milk every day.
나는 매일 우유 한 잔을 마신다.

〈사실〉 The earth **goes** around the sun.
지구는 태양 주위를 돈다.

현재 진행형 **I am drinking** a cup of milk now.
나는 지금 우유 한잔을 마시고 있다.

현재진행형	be동사 + 동사원형 ing

잠깐 ● 동사 원형이란?

모든 동사는 그 뿌리가 있습니다. 우리말에도 '잔다, 잤다, 자고 있다, 잘 것이다…' 등 모두 '자다'라는 말
에서 변형되어진 말들입니다. 이 때, 그 뿌리가 되는 말 '자다'를 '동사 원형'이라고 합니다.

sleep - sleeps, slept, sleeping
동사 원형

be - am, are, is
동사 원형

ex. She plays the piano.   그녀는 피아노를 친다.

She **is playing** the piano. 그녀는 피아노를 치는 중이다.
    be 동사 + 동사원형 ing

동사 원형 + ing 만드는 법

동사의 형태	고치는 법	완성의 예
일반 규칙	+ ing	go - going
e로 끝나는 동사	e̶ + ing	live - living
'단모음 + 단자음'으로 끝나는 동사	+ 마지막 자음 + ing	run - running sit - sitting stop - stopping
-ie로 끝나는 동사	ie̶ + ying	lie - lying die - dying

 현재진행형의 부정문

be동사 뒤에 **not**만 붙이면 됩니다.

ex. He is studying in his room.   그는 그의 방에서 공부하고 있다.

    → He **is not studying** in his room.   그는 그의 방에서 공부하고 있지 않다.

4 현재진행형의 의문문

주어와 **be**동사의 위치를 바꾸고 문장 맨 뒤에 물음표(**?**)만 붙이면 됩니다.

ex. He is studying in his room.

    → **Is he studying** in his room?   그는 그의 방에서 공부하고 있니?

현재진행형의 의문문의 대답

Yes나 **No**로 대답하며, **be**동사가 있는 의문문의 대답과 같습니다.

ex. **Is he studying** in his room?

    긍정 – Yes, he is.   응. 그래

    부정 – No, he **isn't**.   아니. 그렇지 않아.

Warm Up

A 주어진 동사의 -ing형을 빈칸에 써 보세요.

1 eat + ing = *eating*

2 sing + ing =

3 teach + ing =

4 learn + ing =

5 buy + ing =

6 say + ing =

7 cry + ing =

8 fly + ing =

9 drive + ing =

10 make + ing =

11 have + ing =

12 live + ing =

13 come + ing =

14 write + ing =

15 stop+p+ing =

16 run+n+ing =

17 cut+t+ing =

18 chat+t+ing =

19 die +ying =

20 lie + ying =

●eat 먹다 ●teach 가르치다 ●learn 배우다 ●fly 날다 ●drive 운전하다 ●cut 자르다

B 보기에서 동사에 −ing를 붙이는 방법을 고른 후 써 보세요.

A. lie　　die　　tie
B. live　　make　　take
C. cut　　run　　sit　　hit　　set　　put
D. go　　learn　　work　　walk　　teach　　eat

1 + ing 　D

　　going　　,　　　　　　　,　　　　　　　,

　　　　　　　,　　　　　　　,

2 e̸ + ing

　　　　　　　,　　　　　　　,

3 + 마지막 자음 + ing

　　　　　　　,　　　　　　　,

　　　　　　　,　　　　　　　,

4 i̸e̸ + ying

　　　　　　　,　　　　　　　,

●hit 치다　●set 놓다　●put 두다

A 주어진 동사를 ~ing 형태로 고친 것이에요. 형광펜으로 마지막 철자 부분을 색칠한 후, 옳은 것을 골라 보세요.

1 help (helping, helpping)

2 eat (eating, eatting)

3 sing (sing, singing)

4 sleep (sleeping, sleepping)

5 live (liveing, living)

6 drive (driving, driveing)

7 make (makeing, making)

8 take (taking, takeing)

9 write (writeing, writing)

10 smile (smiling, smileing)

11 carry (carrying, carring)

12 buy (buying, buing)

13 dry (dring, drying)

14 study (studing, studying)

15 sit (sitting, siting)

16 cut (cuting, cutting)

17 set (seting, setting)

18 drop (dropping, droping)

19 lie (lying, lieing)

20 die (dying, dieing)

● help 돕다 ● sleep 잠을 자다 ● live 살다 ● make 만들다 ● take 취하다
● dry 말리다 ● sit 앉다 ● drop 떨어지다

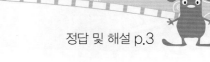

B 형광펜으로 마지막 철자 부분을 색칠한 후, 주어진 동사를 –ing 형태로 고쳐
보세요.

1 run *running*   2 write

3 lie   4 drive

5 swim   6 cut

7 use   8 walk

9 turn   10 study

11 speak   12 eat

13 close   14 die

15 carry   16 make

17 stop   18 cry

19 set   20 have

● lie 거짓말하다 ● use 사용하다 ● walk 걷다 ● turn 돌리다 ● speak 말하다
● close 닫다 ● have 먹다

A 다음 ( ) 안에서 알맞은 것을 골라 보세요.

1 I   (am), are, is) (dancing), dance)   now.   나는 지금 춤추고 있다.

2 You   (am, are, is) (dance, dancing)   now.   너는 지금 춤추고 있다.

3 He   (am, are, is) (dancing, dances)   now.   그는 지금 춤추고 있다.

4 She   (am, are, is) (dancing, dances)   now.   그녀는 지금 춤추고 있다.

5 Tom   (am, are, is) (dancing, dances)   now.   톰은 지금 춤추고 있다.

6 We   (am, are, is) (dance, dancing)   now.   우리는 지금 춤추고 있다.

7 You   (am, are, is) (dancing, dance)   now.   너희들은 지금 춤추고 있다.

8 They   (am, are, is) (dance, dancing)   now.   그들은 지금 춤추고 있다.

9   I   (am, are, is) (working, work)   now.   나는 지금 일하고 있다.

10 You   (am, are, is) (working, work)   now.   너는 지금 일하고 있다.

11 He   (am, are, is) (works, working)   now.   그는 지금 일하고 있다.

12 She   (am, are, is) (working, works)   now.   그녀는 지금 일하고 있다.

13 Tom   (am, are, is) (works, working)   now.   톰은 지금 일하고 있다.

14 We   (am, are, is) (working, work)   now.   우리는 지금 일하고 있다.

15 You   (am, are, is) (work, working)   now.   너희들은 지금 일하고 있다.

16 They   (am, are, is) (working, work)   now.   그들은 지금 일하고 있다.

B 현재형 문장을 현재진행형 문장으로 바꿔 써 보세요.

현재형	현재진행형
1 They enjoy the ice cream.	They _are_ _enjoying_ the ice cream,
2 He has lunch.	He _____ _____ lunch.
3 The girls help the kid.	The girls _____ _____ the kid.
4 David drives his car.	David _____ _____ his car.
5 My dad does the dishes.	My dad _____ _____ the dishes.
6 You take a bath.	You _____ _____ a bath.
7 She cuts the cake.	She _____ _____ the cake.
8 Anne buys two tickets.	Anne _____ _____ two tickets.
9 The girls swim in the pool.	The girls _____ _____ in the pool.
10 I eat some soup.	I _____ _____ some soup.

● have lunch 점심을 먹다   ● take a bath 목욕하다   ● ticket 표   ● soup 수프

C 주어진 문장을 부정문과 의문문으로 만들어 보세요.

긍정문	부정문
1 He is jogging now.	He _isn't_ _jogging_ now.
2 She is cleaning her desk.	She _____ _____ her desk.
3 We are cooking pork.	We _____ _____ pork.
4 The ladies are walking slowly.	The ladies _____ _____ slowly.
5 Tom is waiting in her office.	Tom _____ _____ in her office.

긍정문	의문문
6 He is fixing his PC.	_____ _____ _____ his PC?
7 The boys are sleeping on the bed.	_____ _____ _____ on the bed?
8 It is snowing now.	_____ _____ _____ now?
9 She is brushing her hair.	_____ _____ _____ her hair?
10 They are coming here.	_____ _____ _____ here?

● cook 요리하다　● pork 돼지고기　● slowly 천천히　● office 사무실　● fix 수리하다
● brush (머리를) 빗다

D 주어진 문장을 지시대로 바꿔 써 보세요.

현재형	현재진행형
1 They are listening to his song.	부정문 ___*They aren't listening*___ to his song.
2 You are taking pictures.	의문문 _____ pictures?
3 The child is drinking soda.	부정문 _____ soda.
4 He is holding a bat.	부정문 _____ a bat.
5 It is raining.	의문문 _____?
6 I am learning English.	부정문 _____ English.
7 People are resting under the tree.	의문문 _____ under the tree?
8 She and I are going to the library.	부정문 _____ to the library.
9 Mary is setting the table.	의문문 _____ the table?
10 They are talking to Liz.	의문문 _____ to Liz?

● hold 잡다　● bat 방망이　● learn 배우다　● rest 쉬다　● library 도서관
● set the table 상을 차리다　● talk 말하다

A 주어진 물음에 알맞게 대답을 완성해 보세요.

의문문	대답
1 Is he doing his homework?	Yes, _*he is*_ .
2 Are we dreaming now?	Yes, _____ .
3 Is Jane calling her friend?	No, _____ .
4 Is she waiting for Paul?	Yes, _____ .
5 Are they riding their bikes?	No, _____ .
6 Is your sister cutting the bread?	No, _____ .
7 Are you(너는) teaching music?	Yes, _____ .
8 Is her brother walking to the market?	No, _____ .
9 Are Tom and Judy skating?	Yes, _____ .
10 Is the dog jumping again and again?	No, _____ .

● do one's homework 숙제하다 ● dream 꿈꾸다 ● ride 타다(기구, 교통수단)
● market 시장 ● skate 스케이트를 타다 ● again 다시 ● again and again 되풀이해서

정답 및 해설 p.4

B 주어진 문장의 동사를 형광펜으로 칠하고 부정문과 의문문으로 만들어 보세요.

긍정문	부정문
1 They are making a boat. They make a boat.	They _____aren't making_____ a boat. They _____ a boat.
2 He waxes his car. He is waxing his car.	He _____ his car. He _____ his car.
3 Amy is watching TV. Amy watches TV.	Amy _____ TV. Amy _____ TV.

긍정문	의문문
4 You hit a ball. You are hitting a ball.	_____ a ball? _____ a ball?
5 She eats a banana. She is eating a banana.	_____ a banana? _____ a banana?
6 A boy is playing with my dog. A boy plays with my dog.	_____ with my dog? _____ with my dog?

● wax 광을 내다   ● hit 치다

Unit 02   35

12달 명칭의 유래는?

현재의 태양력이 된 것은 1873년입니다. 현재 쓰이고 있는 태양력을 로마력(Roman calendar)이라고 하며, 12개월에 해당하는 영어 명칭의 유래는 다음과 같습니다.

January (1월)   과거와 미래를 보는 두 개의 얼굴을 가진 야누스(JANUS – 문을 수호하는 신)에서 유래되었다.

February (2월)   Februa는 원래 '정화하는 의식'이라는 말이다. 고대 로마에서는 지금의 2월을 일 년의 처음으로 했기 때문에 신년을 맞이하기 전에 더러운 것을 깨끗이 한다는 의미가 있다.

March (3월)   MARS는 로마의 전쟁 신으로, 3월은 봄의 시작이다. 겨울과 봄과의 싸움에서 가장한 가운데이다.

April (4월)   '열리다'라는 의미의 라틴어인 Aperire에서 유래되었다. 4월은 자연계의 만물이 열리는 때이다.

May (5월)   봄과 성장의 여신 Maia의 이름에서 유래되었다.

June (6월)   로마 신화의 여신인 Juno의 이름에서 유래되었다. Juno는 결혼과 출산의 여신이다.

July (7월)   현재 쓰이고 있는 태양력을 정리한 줄리어스 시저를 기념하여 그의 이름 Julius에서 유래되었다.

August (8월)   로마 제국의 초대 황제인 아우구스투스의 이름에서 유래되었다. 당시의 8월은 30일이었으나 2월에서 1일을 빼서 7월과 같은 일수로 하기 위해서 8월을 31일로 하였다.

September (9월)   로마 달력에서는 일 년이 3월부터 시작되고 있어서 9월은 일곱 번 째의 달이었다. Septem은 라틴어로, seven이라는 뜻이다.

October (10월)   The original eight month라는 뜻으로 로마의 달력으로 여덟 번째의 달. Octo는 라틴어로, eight이라는 뜻이다.

November (11월)   고대 로마 달력의 아홉 번째의 달이었다. Novem은 라틴어로, nine이란 뜻이다.

December (12월)   고대 로마 달력의 열 번째의 달이었다. Decem은 라틴어로, ten이라는 뜻이다. 이 달은 원래 29일밖에 없었지만 율리우스는 이틀을 보태 31일로 만들고 일 년의 마지막 달로 삼았다.

Unit o3

의문사가 있는 의문문 1

의문사란?
사람, 장소, 시간, 방법, 이유 등을
물어보기 위하여 사용하는 말로
who, what, when, where,
why, how 등이 해당됩니다,

Unit 03 의문사가 있는 의문문1

의문사란? 사람, 장소, 시간, 방법, 이유 등을 물어 보기 위하여 사용하는 말입니다.

 1 의문사의 종류

의문사	우리말	묻는 내용	예문
who	누구(를)	사람	Who do you meet? 너는 누구를 만나니?
what	무엇을	사물	what do you eat? 너는 무엇을 먹니?
when	언제	시간	When do you get up? 너는 언제 일어나니?
where	어디서	장소	Where do you live? 너는 어디서 사니?
why	왜	이유	Why do you take a shower? 너는 왜 샤워를 하니?
how	어떻게	방법	How do you go there? 너는 어떻게 거기 가니?
	얼마나	정도	How old are you? 너는 얼마나 나이 들었니? (몇 살이니?)

 2 의문사의 특징

의문사는 다음 **3**가지 특징이 있습니다.

❶ 의문사는 주어가 아니더라도 문장 맨 앞에 위치합니다.

❷ 의문사가 있는 의문문은 Yes나 No로 대답할 수 없습니다.

❸ 의문사 뒤에는 의문문이 옵니다.

ex. **Who** do you like? 너는 누구를 좋아하니?
　　　의문사　　의문문

　　　– Jane. 제인

　　　~~Who you like?~~ – ~~Yes, I am.~~ 네, 그래요.
　　　의문사　　긍정문

❸ 의문사가 있는 의문문 만들기

영작을 통해 공부해 볼까요?.
예를 들면, 너는 무엇을 공부하니? 라는 문장은 의문사의 특징에 따라
'무엇을'이라는 의문사와 '너는 공부하니?'라는 문장이 합쳐진 것이다.
그러므로 우리는 이에 해당하는 두 문장을 영어로 바꾸어 한 문장으로 만들면 됩니다.

❶ 의문사 + be동사가 있는 의문문

너는 왜 슬프니?

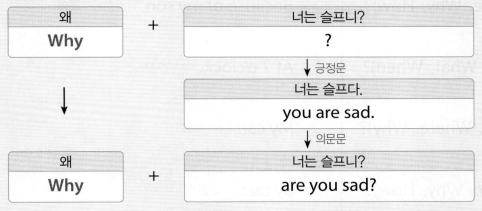

왜		너는 슬프니?
Why	**+**	**?**

↓ 긍정문

너는 슬프다.
you are sad.

↓ 의문문

왜		너는 슬프니?
Why	**+**	**are you sad?**

⇨ __Why are you sad?__ - __Because I miss my mom.__ 나는 엄마가 보고 싶어서.

❷ 의문사 + 일반 동사가 있는 의문문

너는 무엇을 공부하니?

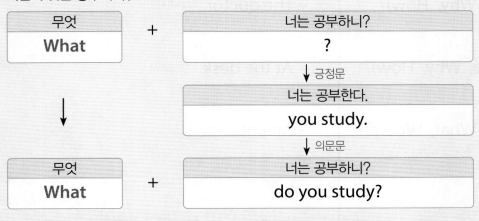

무엇		너는 공부하니?
What	**+**	**?**

↓ 긍정문

너는 공부한다.
you study.

↓ 의문문

무엇		너는 공부하니?
What	**+**	**do you study?**

⇨ __What do you study?__ - __I study science.__ 나는 과학을 공부해.

1 (Who, What, (Where))?   – In my room. 나의 방에서

2 (Who, What, How)?   – Jane. 제인

3 (Where, Why, How)?   – Because of my son. 나의 아들 때문에

4 (Who, What, When)?   – At 7 o'clock. 7시 정각에

5 (What, Where, Why)?   – My car. 나의 자동차

6 (Where, Why, How)?   – By bus. 버스를 타고

7 (Who, What, When)?   – Today. 오늘

8 (Who, Why, How)?   – The doctor. 그 의사

9 (Where, Why, How)?   – At the desk. 책상에서

10 (Who, What, Where)?   – An ant. 개미

●room 방   ●because of ~ 때문에   ●by bus 버스를 타고   ●today 오늘   ●desk 책상

B 다음 빈칸에 알맞은 의문사를 써 보세요.

1 _Who_ is your teacher?

– Mr. Kim.

2 _____ does he meet?

– In the park.

3 _____ is your name?

– My name is Jimmy Carter.

4 _____ does Jane do on Sundays?

– She watches TV.

5 _____ is Tom late for school?

– Because he got up late.

6 _____ does she take a shower?

– At 10.

7 _____ is your house?

– In Seoul.

8 _____ does she wait for her sister?

– After school.

●name 이름　●on Sundays 일요일마다　●be late for~ ~에 늦다
●take a shower 샤워를 하다　●wait for 기다리다　●after school 방과 후에

 A 다음 빈칸에 우리말과 일치하는 의문문을 완성해 보세요.

1 저것은 무엇이니?

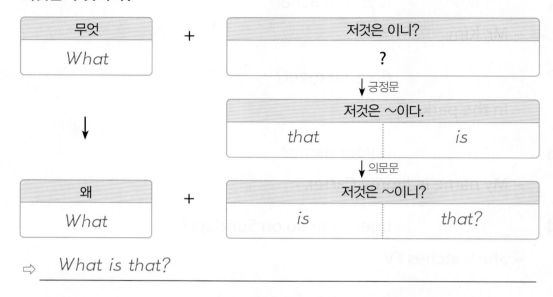

무엇
What

+

저것은 이니?
?

↓ 긍정문

저것은 ～이다.	
that	is

↓ 의문문

왜
What

+

저것은 ～이니?	
is	that?

⇨ _What is that?_

2 너는 왜 피곤하니?

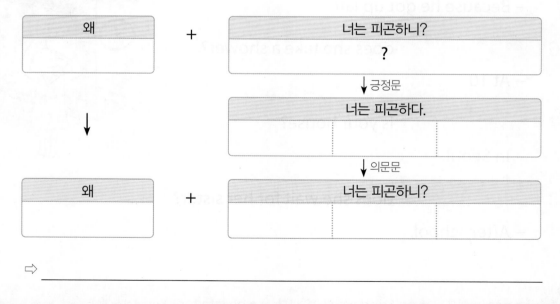

왜

+

너는 피곤하니?
?

↓ 긍정문

너는 피곤하다.		

↓ 의문문

왜

+

너는 피곤하니?		

⇨ _____

 ● tired 피곤한

B 다음 빈칸에 우리말과 일치하는 의문문을 완성해 보세요.

1 그녀는 누구이니?

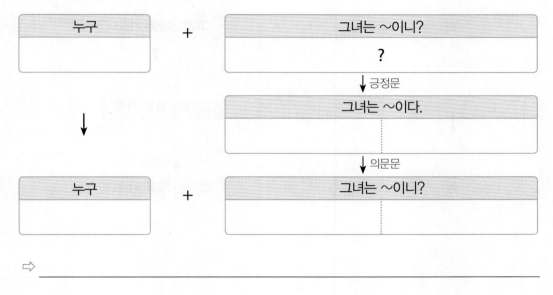

누구	+	그녀는 ～이니?
		?

↓ 긍정문

그녀는 ～이다.

↓ 의문문

누구	+	그녀는 ～이니?

⇨ _____

2 Tom은 어디에 있니?

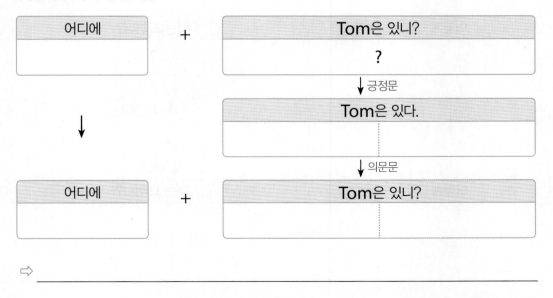

어디에	+	Tom은 있니?
		?

↓ 긍정문

Tom은 있다.

↓ 의문문

어디에	+	Tom은 있니?

⇨ _____

● be(am, are, is) ～이다, 있다

A 다음 빈칸에 우리말과 일치하는 의문문을 완성해 보세요.

1 그녀는 왜 개를 기르니?

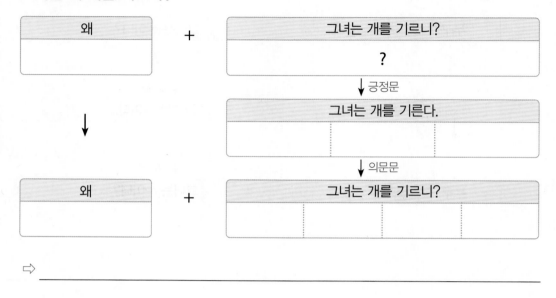

왜		그녀는 개를 기르니?
	+	?

↓ 긍정문

그녀는 개를 기른다.

↓ 의문문

왜		그녀는 개를 기르니?

⇨ _____

2 너는 어떠니(어떻게 느끼니)?

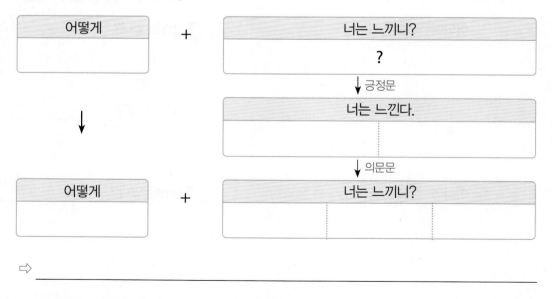

어떻게		너는 느끼니?
	+	?

↓ 긍정문

너는 느낀다.

↓ 의문문

어떻게		너는 느끼니?

⇨ _____

● **keep a dog** 개를 기르다   ● **feel** 느끼다

B 다음 빈칸에 우리말과 일치하는 의문문을 완성해 보세요.

1 너는 어디에서 사니?

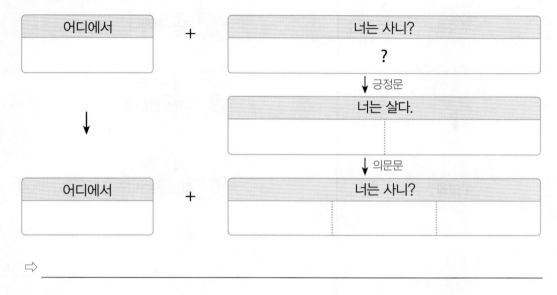

어디에서	+	너는 사니?
		?

↓ 긍정문

너는 살다.

↓ 의문문

어디에서	+	너는 사니?

⇨ _____

2 그는 언제 그의 숙제를 하니?

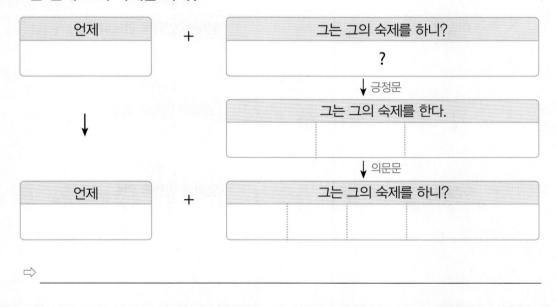

언제	+	그는 그의 숙제를 하니?
		?

↓ 긍정문

그는 그의 숙제를 한다.

↓ 의문문

언제	+	그는 그의 숙제를 하니?

⇨ _____

 ● live 살다   ● do one's homework 숙제를 하다

C 다음 빈칸에 우리말과 일치하는 의문문을 완성해 보세요.

1 그는 무엇을 원하니?

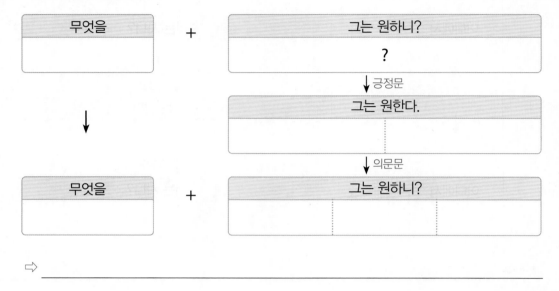

무엇을		+	그는 원하니?
			?

↓ 긍정문

그는 원한다.

↓ 의문문

| 무엇을 | + | 그는 원하니? |

⇨ _____

2 엄마는 어떻게 인형을 만드니?

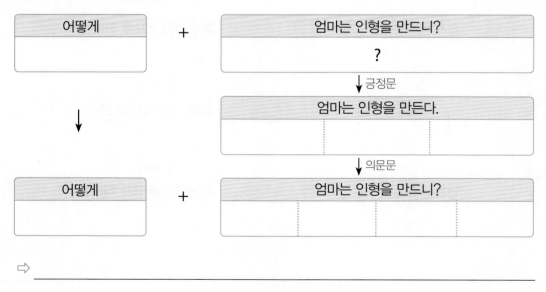

어떻게	+	엄마는 인형을 만드니?
		?

↓ 긍정문

엄마는 인형을 만든다.

↓ 의문문

| 어떻게 | + | 엄마는 인형을 만드니? |

⇨ _____

● want 원하다   ● doll 인형

D 다음 빈칸에 우리말과 일치하는 의문문을 완성해 보세요.

1 그들은 어디서 공부하니?

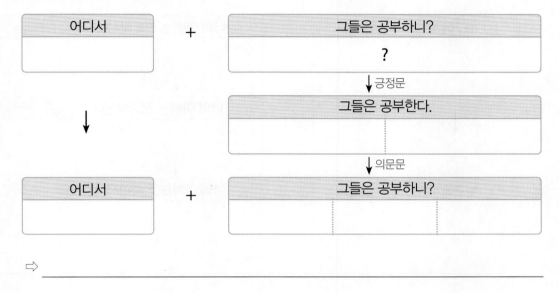

⇨ _____

2 너는 왜 약을 먹니?

⇨ _____

● study 공부하다   ● take a medicine 약을 먹다

실력다지기

다음 빈칸에 우리말과 일치하는 의문문을 완성해 보세요.

1 너의 아빠는 누구에게 전화하시니?

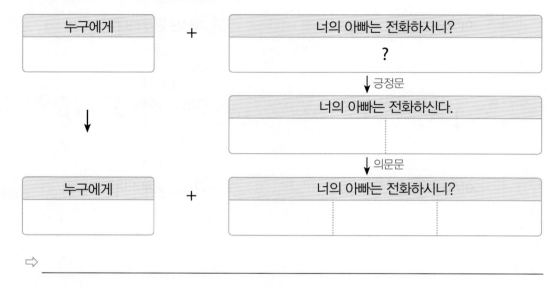

누구에게	+	너의 아빠는 전화하시니?
		?

↓ 긍정문

너의 아빠는 전화하신다.

↓ 의문문

누구에게	+	너의 아빠는 전화하시니?

⇨ _____

2 너는 언제 일하니?

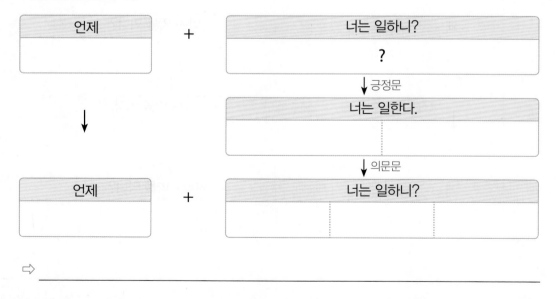

언제	+	너는 일하니?
		?

↓ 긍정문

너는 일한다.

↓ 의문문

언제	+	너는 일하니?

⇨ _____

 ●call 전화하다　●work 일하다

정답 및 해설 p.5

B 다음 빈칸에 우리말과 일치하는 의문문을 완성해 보세요.

1 Bill은 어떻게 그를 아니?

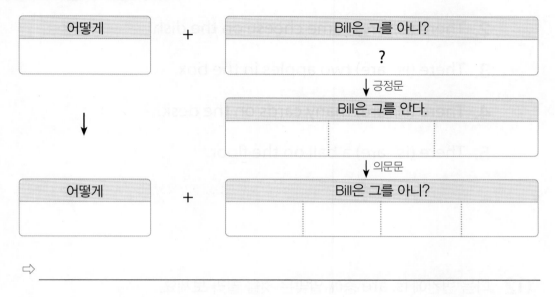

어떻게	+	Bill은 그를 아니?
		?

↓ 긍정문

Bill은 그를 안다.

↓ 의문문

어떻게	+	Bill은 그를 아니?

⇨ _____

2 그 고양이는 어디서 자니?

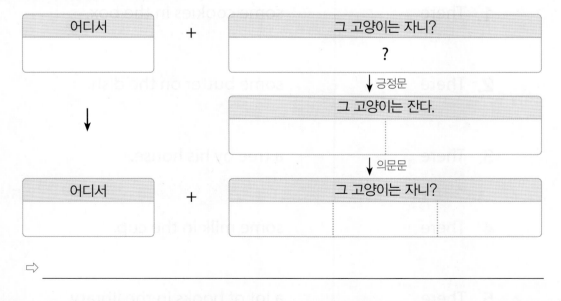

어디서	+	그 고양이는 자니?
		?

↓ 긍정문

그 고양이는 잔다.

↓ 의문문

어디서	+	그 고양이는 자니?

⇨ _____

● **know** 알다 ● **sleep** 자다

01 다음 ( ) 안에서 알맞은 것을 골라 보세요.

1. There (is, are) some pens in the pencil case. pencil case 필통

2. There (is, are) some cheese on the dish.

3. There (is, are) two apples in the box.

4. There (is, are) many cards on the desk.

5. There (is, are) a ball on the floor.

02 다음 빈칸에 is, are 중에 알맞은 것을 골라 보세요.

1. There _____ some cookies in the box.

2. There _____ some butter on the dish.

3. There _____ a tree by his house.

4. There _____ some milk in the cup.

5. There _____ a lot of books in the library.

03 주어진 단어를 이용하여 우리말에 알맞게 빈칸을 채워 문장을 완성해 보세요.

1. _____ in the hole. (mouse)

구멍에 한 마리 쥐가 있다. hole 구멍

2. _____ in this book. (story)

이 책에는 3개의 이야기가 있다.

3. _____ on the playground. (student)

운동장에 많은 학생들이 있다. playground 운동장

4. _____ in the basket. (bread)

바구니 안에 약간의 빵이 있다.

5. _____ in front of a bike. (dog)

자전거 앞에 두 마리의 개가 있다.

04 주어진 문장을 지시대로 바꿔 보세요.

1. There is a house in the field. field 들판

⇨ 부정문 _____ in the field.

2. There is little water in that pond.

⇨ 의문문 _____ in that pond? Yes, _____

3. There is the bus stop near here. near 가까이

⇨ 부정문 _____ near here.

4. There are two cars in the parking lot. parking lot 주차장

⇨ 의문문 _____ in the parking lot?

5. There are ten tables in the restaurant. restaurant 식당

⇨ 의문문 _____ in the restaurant?

01 현재형 문장을 현재진행형으로 바꿔 보세요.

1. He takes a shower.

  ⇨

2. They go to the flower shop.

  ⇨

3. She walks into the building.

  ⇨

4. We sing together.

  ⇨

5. I have lunch.

  ⇨

02 주어진 동사를 이용하여 우리말에 알맞게 빈칸을 채워 문장을 완성해 보세요.

1. She _____ English everyday. (study)

  ⇨ 그녀는 매일 영어 공부를 한다.

2. He _____ now. (work)

  ⇨ 그는 지금 일하고 있다.

3. I _____ TV. (watch)

  ⇨ 나는 TV를 보고 있는 중이다.

4. My son _____ the violin well. (play)

  ⇨ 나의 아들은 바이올린을 잘 켠다.

5. Mom _____ dinner in the kitchen. (make)

  ⇨ 엄마는 부엌에서 저녁을 만들고 계신다.

03 주어진 문장을 지시대로 바꿔 보세요. 의문문은 대답도 완성해 보세요.

1. They are dancing now.

   ⇨ 부정문 _____

2. She is taking a rest.

   ⇨ 의문문 _____   Yes, _____

3. He is driving to the mall.

   ⇨ 의문문 _____   No, _____

4. You are learning art.

   ⇨ 의문문 _____   No, _____

5. Tom is dreaming a dream.

   ⇨ 부정문 _____

6. Jane is writing a letter.

   ⇨ 부정문 _____

7. Tom and Bill are playing soccer.

   ⇨ 부정문 _____

8. The bear is dying now.

   ⇨ 의문문 _____   Yes, _____

9. We are drawing pictures.

   ⇨ 부정문 _____

10. Your friends are carrying the chairs.

    ⇨ 의문문 _____   No, _____

01 대답에 알맞은 의문사를 써 보세요.

1. ＿＿＿＿＿＿＿ does she have for lunch?

　 - Sandwich.

2. ＿＿＿＿＿＿＿ is she from?

　 - She is from Korea. be from~ ~출신이다

3. ＿＿＿＿＿＿＿ do you work?

　 - Because I have to make money. have to~ ~해야만 한다　make money 돈을 벌다

4. ＿＿＿＿＿＿＿ does he get up?

　 - At 7 o'clock.

5. ＿＿＿＿＿＿＿ do they go to church?

　 - By bus.

02 ( ) 안에 주어진 단어들을 배열하여 우리말과 일치하는 의문문을 완성하세요.

1. Why ＿＿＿＿＿＿＿＿＿＿＿＿＿＿? (angry, Tom, is)

　⇨ Tom은 왜 화가 났니? angry 화가 난

2. Who ＿＿＿＿＿＿＿＿＿＿＿＿＿＿? (is, that woman)

　⇨ 저 여자는 누구이니?

3. What ＿＿＿＿＿＿＿＿＿＿＿＿＿＿? (Tom' job, is)

　⇨ Tom의 직업은 무엇이니?

4. Where ＿＿＿＿＿＿＿＿＿＿＿＿＿＿? (your dogs, are)

　⇨ 너의 개들은 어디에 있니?

5. How ＿＿＿＿＿＿＿＿＿＿＿＿＿＿? (is, your dad)

　⇨ 너의 아빠는 안녕하시니?

03 ( ) 안에 주어진 단어들을 배열하여 우리말과 일치하는 의문문을 완성하세요.

1. How _____? (they, home, do, go)

⇨ 그들은 어떻게 집으로 가니?

2. Where _____?(drink, she, does, coffee)

⇨ 그녀는 어디에서 커피를 마시니?

3. When _____? (go to bed, does, he)

⇨ 그는 언제 잠자러 가니? go to bed 잠자러 가다

4. Why _____? (do, love, you, him)

⇨ 너는 왜 그를 사랑하니?

5. What _____ on Sunday? (do, do, you)

⇨ 너는 일요일에 무엇을 하니?

04 ( ) 안에 주어진 동사를 이용하여 우리말에 알맞게 문장을 완성하세요.

1. Why _____ the song? (like)

⇨ 그들은 왜 그 노래를 좋아하니?

2. How _____ the ticket? (buy)

⇨ 그녀는 어떻게 그 표를 사니?

3. When _____? (leave)

⇨ 그 기차는 언제 떠나니? leave 떠나다

4. What _____? (be)

⇨ 그것은 무엇이니?

5. Where _____? (go)

⇨ 너희들은 어디로 소풍가니? go on a picnic 소풍 가다

Take a break

추수 감사절의 유래

우리나라의 추석과 비슷한 추수감사절(11월 마지막 목요일)은, 영국의 청교도들이 신앙의 자유를 찾아 1620년 메이플라워 호를 타고 현재의 미국 땅에 정착한 다음 해에 첫 수확을 하여 하느님께 감사를 드린 것에서 유래합니다.

청교도들은 정착지에서 첫 수확을 한 후 경작법을 가르쳐 준 인디언들을 초대하여 야생 칠면조(turkey) 요리를 대접했습니다. 이후 칠면조 요리는 추수감사절의 주 메뉴가 되어 이 날을 '터키 데이(turkey day)'로 부르기도 합니다.

추수감사절이 미국의 최대 명절이 되기까지는 한 여성 작가의 노력이 있었습니다. 사라 요세파 헤일이라는 여성은 추수감사절을 미국 전역의 연례적인 축일로 선포할 것을 촉구하는 서신을 1863년 대통령인 링컨에게 보냈고, 링컨은 화답하여 추수감사절을 미국 전역의 연례적인 절기로 공포했습니다.

링컨이 시작한 전례에 따라 추수감사절의 날짜는 대통령의 연례적인 선포에 따라 각기 달랐으나, 1941년에 미국 의회는 대통령과의 합의 아래 11월 네 번째 토요일을 추수감사절로 정하고 이날을 휴일로 정했습니다.

Unit 04

의문사가 있는 의문문 2

의문사 뒤에 명사나 형용사가 오거나
명사나 형용사가 함께 오는 경우에는
이를 의문사 덩어리로 보고 의문사가
가지는 특징대로 의문문을 만듭니다.

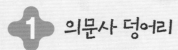

의문사가 있는 의문문 2

의문사 덩어리란? 명사나 형용사가 의문사와 구를 이루어, '의문사 + 명사',
'의문사 + 형용사', '의문사+형용사+명사'의 형태가 되는 경우를 말합니다.

➊ 의문사 덩어리

의문사 덩어리가 오는 경우에도 의문사가 가지는
특징대로 의문문을 만듭니다.

➊ 의문사 + 명사

ex. <u>**What time**</u> <u>do you have breakfast?</u> 너는 몇 시에 아침을 먹니?
　　 의문사 + 명사　　　　　　　 의문문

　　 – **At 7.** 7시에.

➋ How + 형용사

ex. <u>**How long**</u> <u>is this bridge?</u> 이 다리는 얼마나 기니?
　　 의문사 + 형용사　　 의문문

　　 – **It is 100 meters long.** 그것은 100 미터야.

'How + 형용사'의 형태로 이 때, how는 '얼마나' 라는 뜻으로 정도를 나타냅니다.
How old~, How long~, How far~, How deep~, How often~… 등이 있습니다.

➌ How + many/much + 명사

ex. <u>**How many books**</u> <u>do you have?</u> 너는 얼마나 많은(몇 권의) 책들을 가지고 있니?
　　 의문사 + 형용사 + 명사　　 의문문

　　 – **Five books.** 다섯 권.

이 때, how many/much~는 '얼마나 많은 ~'이라는 표현을 나타냅니다.
How many 뒤에는 셀 수 있는 명사, How much 뒤에는 셀 수 없는 명사가 옵니다.

How many	+ 셀 수 있는 명사 (복수)
How much	+ 셀 수 없는 명사

ex. **How many cars does he have?**   그는 얼마나 많은(몇 대의) 차들을 가지고 있니?

      How much milk does he drink?   그는 얼마나 많은 우유를 마시니?

 ## 2 의문사가 주어가 되는 경우

이 경우 '의문사 + 의문문'의 형태가 되지 않습니다. 의문사가 주어가 되므로 영어의 어순에 따라 동사가 이어 나오게 됩니다.

> 주어(Who) + 동사 ~?
>
> 주어(How many 복수 명사) + 동사 ~?

1 의문사 뒤에 단수 동사가 오는 경우

Who/What + 동사~?는 주어인 Who/What이 무엇인지 알 수 없으므로 3인칭 단수로 취급하여 동사에 (e)s를 붙입니다.

ex. <u>Who</u> **sings** on the stage?   누가 무대에서 노래하니?
   주어

2 의문사 뒤에 복수 동사가 오는 경우

How many 복수 명사 + 동사~? 에서는 복수 동사가 와야 합니다.

ex. <u>How many students</u> **go** on a picnic?   얼마나 많은(몇 명의) 학생들이 소풍을 가니?
       주어

주어인 How many students가 복수이므로 goes가 아니라 go가 됩니다.

ex. <u>How many students</u> **are** on the play ground?   얼마나 많은(몇 명의) 학생들이 운동장에 있니?
       주어

주어인 How many students가 복수이므로 is가 아니라 are이 됩니다.

 A 다음 ( ) 안에서 알맞은 것을 골라 보세요.

1   How many (girl, girls)?

2   How much (water, waters)?

3   How many (trees, tree)?

4   How much (doctors, cheese)?

5   How many (baby, babies)?

6   How many (apples, apple)?

7   How much (juice, cookies)?

8   How many (coffee, shoes)?

9   How many (desks, desk)?

10 How much (milks, milk)?

 ● doctor 의사   ● cheese 치즈   ● juice 주스   ● coffee 커피   ● milk 우유

정답 및 해설 p.6

B 다음 ( ) 안에서 알맞은 것을 골라 보세요.

1 How (many, <u>much</u>) gold?

2 How (many, much) pencils?

3 How (many, much) butter?

4 How (many, much) watches?

5 How (many, much) tea?

6 How (many, much) snow?

7 How (many, much) chairs?

8 How (many, much) soup?

9 How (many, much) tomatoes?

10 How (many, much) maps?

●gold 금 ●butter 버터 ●watch 시계 ●map 지도

A 다음 빈칸에 우리말과 일치하는 의문문을 완성해 보세요.

1 그는 몇 시에 학교에 가니?

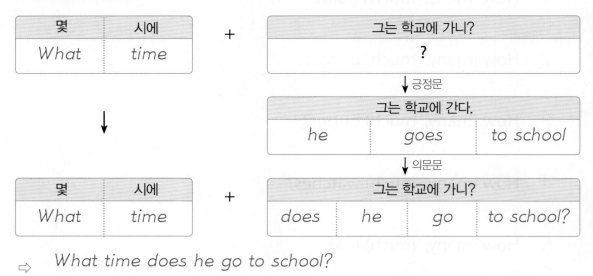

몇	시에
What	time

+

그는 학교에 가니?
?

↓ 긍정문

그는 학교에 간다.		
he	goes	to school

↓ 의문문

몇	시에
What	time

+

그는 학교에 가니?		
does	he	go	to school?

⇨ *What time does he go to school?*

2 너는 무슨 색을 좋아하니?

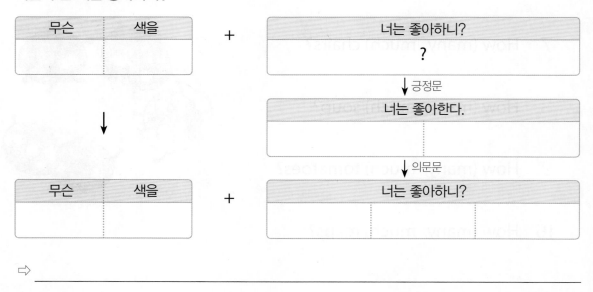

무슨	색을

+

너는 좋아하니?
?

↓ 긍정문

너는 좋아한다.

↓ 의문문

무슨	색을

+

너는 좋아하니?

⇨ _____

● **time** 시간　● **color** 색

B 다음 빈칸에 우리말과 일치하는 의문문을 완성해 보세요.

1 그녀는 얼마나 자주 그녀의 손을 씻니?

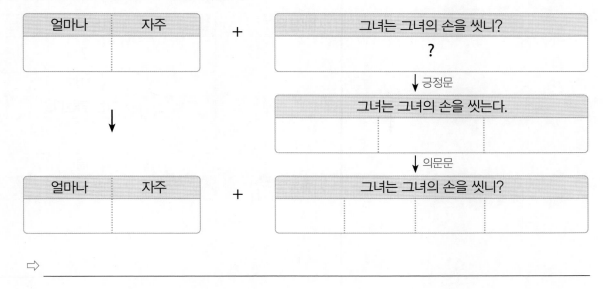

얼마나	자주

+

그녀는 그녀의 손을 씻니?
?

↓ 긍정문

그녀는 그녀의 손을 씻는다.

↓ 의문문

얼마나	자주

+

그녀는 그녀의 손을 씻니?

⇨ _____

2 이 강은 얼마나 깊니?

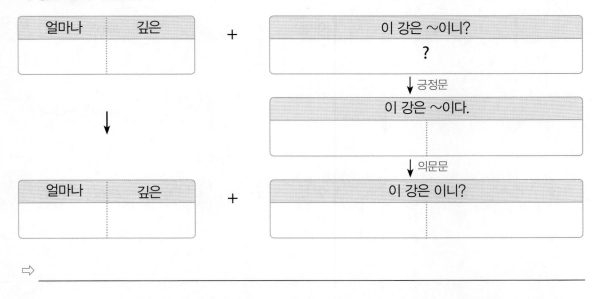

얼마나	깊은

+

이 강은 ~이니?
?

↓ 긍정문

이 강은 ~이다.

↓ 의문문

얼마나	깊은

+

이 강은 이니?

⇨ _____

● **often** 자주　● **wash** 씻다　● **deep** 깊은　● **river** 강

A 다음 빈칸에 우리말과 일치하는 의문문을 완성해 보세요.

1 그는 얼마나 많은(몇 개의) 사과들을 먹니?

얼마나	많은	사과들을

+

그는 먹니?
?

↓ 긍정문

그는 먹는다.

↓ 의문문

얼마나	많은	사과들을

+

그는 먹니?

⇨ _____

2 Ann은 얼마나 나이 들었니 (몇 살이니)?

얼마나	나이 든

+

Ann은 ～이니?
?

↓ 긍정문

Ann은 ～이다.

↓ 의문문

얼마나	나이 든

+

Ann은 ～이니?

⇨ _____

● eat 먹다

B 다음 빈칸에 우리말과 일치하는 의문문을 완성해 보세요.

1 너는 얼마나 많은 돈을 가지고 있니?

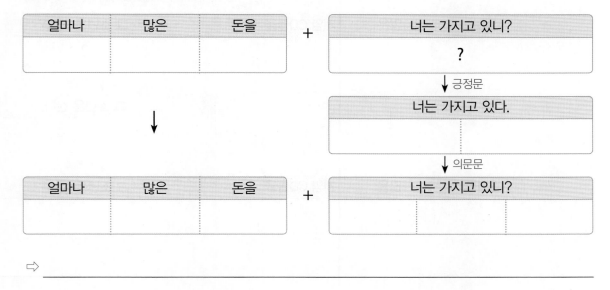

얼마나	많은	돈을

+

너는 가지고 있니?
?

↓ 긍정문

너는 가지고 있다.

↓ 의문문

얼마나	많은	돈을

+

너는 가지고 있니?

⇨ _____

2 그 소녀는 얼마나 많은 꽃들을 파니?

얼마나	많은	꽃들을

+

그 소녀는 파니?
?

↓ 긍정문

그 소녀는 판다.

↓ 의문문

얼마나	많은	꽃들을

+

그 소녀는 파니?

⇨ _____

● **money** 돈 ● **have** 가지고 있다 ● **sell** 팔다 ● **flower** 꽃

C 다음 빈칸에 우리말과 일치하는 의문문을 완성해 보세요.

1 그 소년은 얼마나 많은(몇 개의) 게임 CD들을 사니?

얼마나	많은	게임 CD들을

+

그 소년은 사니?
?

↓ 긍정문

그 소년은 산다.

↓ 의문문

얼마나	많은	게임 CD들을

+

그 소년은 사니?

⇨ _____

2 그 개는 얼마나 많은 물을 마시니?

얼마나	많은	물을

+

그 개는 마시니?
?

↓ 긍정문

그 개는 마신다.

↓ 의문문

얼마나	많은	물을

+

그 개는 마시니?

⇨ _____

● game CD 게임 CD   ● buy 사다   ● drink 마시다

D 다음 빈칸에 우리말과 일치하는 의문문을 완성해 보세요.

1 그들은 얼마나 많은 빵을 원하니?

얼마나	많은	빵을

+

그들은 원하니?
?

↓ 긍정문

그들은 원한다.

↓ 의문문

↓

얼마나	많은	빵을

+

그들은 원하니?

⇨ _____

2 Jane은 얼마나 많은(몇 권의) 책들을 읽니?

얼마나	많은	책들을

+

Jane은 읽니?
?

↓ 긍정문

Jane은 읽는다.

↓ 의문문

↓

얼마나	많은	책들을

+

Jane은 읽니?

⇨ _____

● want 원하다   ● read 읽다

 다음 (   ) 안에서 알맞은 말을 골라 보세요.

1   Who (cuts, cut) the sandwich?

2   How many students (learns, learn) English?

3   Who (call, calls) you?

4   Who (teaches, teach) science?

5   Who (watch, watches) the movie?

6   How many nurses (works, work) in the hospital?

7   How many kids (sing, sings) together?

8   Who (sit, sits) on the grass?

9   How many boys (plays, play) on the playground?

10   How many stores (is, are) open?

● sandwich 샌드위치   ● science 과학   ● movie 영화   ● nurse 간호사   ● hospital 병원
● together 함께   ● grass 잔디   ● playground 운동장   ● store 가게   ● open 열린 , 열다

B ( ) 안에 주어진 동사를 알맞은 형태로 바꿔 빈칸에 써 보세요.

1 Who _cries_ every night? (cry)

2 How many birds _____ up to the south? (fly)

3 Who _____ the food? (eat)

4 How many ladies _____ at the market? (be)

5 Who _____ a red pen? (have)

6 How many boys _____ in English in your class?(speak)

7 How many people _____ to the museum? (go)

8 Who _____ in the hall? (be)

9 How many students _____ this book? (read)

10 Who _____ a car? (drive)

● bird 새 ● south 남쪽 ● food 음식 ● at ~에, ~에서 ● speak 말하다
● museum 박물관 ● hall 강당, 홀

Take a break

사생활 침범은 실례

우리나라에서는 나이나 결혼 유무 등을 묻는게 일상적이지만, 미국에서는 무례하게 여겨집니다. 특히 여성에게 나이를 묻는 것은 예의에 어긋납니다. 그럼 미국인들과 만났을 때는 무엇을 주제로 얘기를 나누는 것이 좋을까요?

지극히 개인적인 주제는 피한다

대화를 할 때 날씨와 같은 가벼운 얘깃거리로 시작한 후에 가족 관계, 일, 학교, 좋아하는 운동이나 고향에 대한 이야기를 나누는 것이 좋다. 월급의 액수, 결혼을 왜 하지 않았는지, 아이가 왜 없는지에 대한 이야기는 피하는 것이 좋다.

칭찬은 고래도 춤추게 한다

대화를 할 때 옷차림이나 헤어스타일에 대한 칭찬을 하는 경우가 많다. 칭찬을 받을 때는 너무 겸손해하지 말고, 고마움을 표현하면 분위기도 더욱 좋아진다.

대화 독점은 피하자

혼자만 계속 이야기하는 것은 실례이다.
상대방에게도 말할 시간을 주는 것이 중요하다.

정치나 종교에 대한 질문은 No

정치나 종교에 관한 질문도 그 사람을 잘 알지 못한다면
피해야 할 질문이다.

Unit 05

비인칭 주어 It

비인칭 주어란
시간, 날씨, 날짜, 거리, 명암 등을
나타낼 때 쓰는 주어를 말하며,
인칭이 없으므로 비인칭 주어라고 합니다.

05 비인칭 주어 It

비인칭 주어 it? 시간, 날씨, 날짜, 거리, 명암(밝고 어두움) 등을 나타낼 때 쓰는 주어 it을 말하며, 인칭이 없으므로 비인칭 주어라고 합니다.

1 비인칭 주어 it의 쓰임

it이 지시대명사로 쓰일 때는 '그것'으로 해석하지만 비인칭주어 it은 아무 의미가 없는 형식적인 주어이므로 우리말로 해석하지 않습니다.

> *ex.* 지시대명사 **It's a small dog.** 그것은 작은 개이다.
> 비인칭 주어 **It's rainy here.** 여기는 비가 온다.

1 날씨

How's the weather? 날씨가 어때?

= **What's the weather like?**

– **It's sunny today.** 오늘 화창해.

2 날짜

What's the date today? 오늘 며칠이니?

= **What date is it?**

– **It's May 10.** 5월 10일이야.

3 시각

What time is it now? 지금 몇 시니?

– **It's 5 o'clock.** 5시 정각이야.
– **It's two thirteen.** 2시 13분이야.
– **It's a quarter past seven.** 7시15분이야.
– **It's half past six.** 6시 반이야.

4 요일

What day is it today? 오늘 무슨 요일이니?

– **It's Monday today.** 오늘 월요일이야.

5 달(월)

What month is it? 몇 월이니?

– **It's January.** 1월이야.

6 연도

What year is it? 몇 년도이니?

– **It's 1988.** 1988년이야.

7 계절

What season is it there? 거기는 무슨 계절이니?

– **It's Spring.** 봄이야.

8 거리

How far is your house? 너의 집까지 얼마나 머니?

– **It's 5 miles.** 5마일이야.

9 시간

How long does it take to your house? 너의 집까지 얼마나 걸리니?

– **It takes 1 hour by bus.** 버스로 한 시간 걸려.

10 명암

How dark is the kitchen? 부엌은 얼마나 어둡니?

– **It's too dark here.** 여기는 너무 어두워.

꼭꼭 짚고 가요! 날짜(date) 묻기와 요일(day) 묻기를 혼란스러워 하는데 이렇게 생각하세요. 요일은 Sunday, Monday…처럼 day가 따라 다니므로 what day~는 '요일을 묻는 말'이고, date는 '데이트 날짜' 이므로 what date~는 '날짜를 묻는 말' 이라고 기억하세요. 그러면 절대 date와 day가 헷갈리지 않아요.

1 It's my nice bike. (　　)

⇨ 그것은 나의 멋진 자전거 이다.

2 It's Sunday. (　　)

⇨

3 It's May. (　　)

⇨

4 It takes one hour. (　　)

⇨

5 It's a big watermelon. (　　)

⇨

6 It's snowy today. (　　)

⇨

7 It's summer here. (　　)

⇨

8 It's her pretty doll. (　　)

⇨

 ●**take** (시간이) 걸리다　●**snowy** 눈이 오는　●**pretty** 예쁜　●**doll** 인형

B 우리말은 영어로 영어는 우리말로 바꿔 보세요.

1 What time — 몇 시

2 What day

3 What season

4 How far

5 What date

6 What year

7 What month

8 How dark

9 무슨 요일

10 얼마나 멀리

11 몇 년

12 몇 시

13 얼마나 어두운

14 무슨 계절

15 며칠(날짜)

16 무슨 달

 ● **season** 계절　● **far** 멀리　● **month** 월, 달　● **dark** 어두운

A 다음 ( ) 안에서 알맞은 것을 골라 대화를 완성하세요.

1 **A** : (What, How) season is it?
 B : It's winter.

2 **A** : (How, What) time is it?
 B : It's a quarter past six. 6시 15분입니다.

3 **A** : (How, what) far is the shopping mall?
 B : (It's, That's) 10 miles.

4 **A** : How's the weather (like, ×)?
 B : It's windy.

5 **A** : (How's, What's) the weather like?
 B : It's warm today.

6 **A** : (How, what) long does it take from here to your office?
 B : It (is, takes) 10 minutes by taxi.

7 **A** : What's the (day, date) today?
 B : It's April 20th.

8 **A** : What (month, year) is (that, it)?
 B : It's January.

9 **A** : What (day, date) is (this, it)?
 B : It's Tuesday.

10 **A** : What (month, year) is it?
 B : (That's, It's) 2009.

● **winter** 겨울 ● **quarter** 4분의 1 ● **shopping mall** 상가 ● **mile** 마일 ● **minute** 분
● **taxi** 택시 ● **date** 날짜

B 다음 ( ) 안에서 알맞은 것을 골라 대화를 완성하세요.

1 *A* : (How, What) time is it?
B : It's four fifty. 4시 50분입니다.

2 *A* : What (day, date) is it?
B : It's March 21.

3 *A* : What (month, year) is it?
B : (It's, That's) 2007.

4 *A* : What (year, month) is (that, it)?
B : It's November.

5 *A* : How (far, long) is the post office?
B : (That's, It's) 5 miles.

6 *A* : What (season, year) is it?
B : It's spring.

7 *A* : What's the weather (like, ×)?
B : It's sunny today.

8 *A* : (How's, What's) the weather?
B : (It's, That's) hot today.

9 *A* : What (day, date) is (it, this)?
B : It's Friday.

10 *A* : (How, What) long does it take from here to the City Hall?
B : (That, It) takes 20minutes by subway.

● November 11월   ● post office 우체국   ● spring 봄   ● weather 날씨, 기후
● sunny 맑은, 햇빛이 비치는   ● the City Hall 시청   ● by subway 지하철로

A 다음 질문에 알맞은 대답을 보기에서 골라 써 보세요.

---

❶ It's August 2nd. ❷ It's 2009.

❸ It's Sunday. ❹ O.K. It's very dark now.

❺ It takes 20 minutes by taxi. ❻ It's 5 o'clock.

❼ It's 30 miles. ❽ It's rainy.

---

1 What year is it? ②

2 What's the weather like?

3 Would you turn on the light?

4 What time is it?

5 How far is his office?

6 What date is it?

7 How does it take from here to the bank?

8 What day is it today?

● August 8월 ● dark 어두운 ● rainy 비가 오는 ● turn on (불을) 켜다 ● light 전기불

B 다음 질문에 알맞은 대답을 보기에서 골라 써 보세요.

---

❶ It's fall here.　　　　　❷ It's cloudy.

❸ It's February.　　　　　❹ It's 2009.

❺ It's half past five. 5시 반입니다.　　❻ It's Wednesday.

❼ It's about 3 miles.　　　❽ It's July 21st.

1　What time is it?　　　　　　　　⑤

2　What season is it?

3　How's the weather?

4　What's the date today?

5　What day is it?

6　How far is the fire station?

7　What year is it?

8　What month is it?

●fall 가을　●cloudy 구름 낀　●February 2월　●Wednesday 수요일
●about 약, 대략　●fire station 소방서

A 다음 빈칸에 알맞은 말을 넣어 대화를 완성하세요.

1 **A** : _What_ is the weather _like_ ?

B : It's muggy.

2 **A** : What is it?

B : September.

3 **A** : What is it today?

B : It's Monday.

4 **A** : What is it?

B : June 2nd.

5 **A** : season is it?

B : It's summer.

6 **A** : What is it?

B : It's ten to nine.

7 **A** : far is your school?

B : 7 miles far from here.

● muggy 무더운　● September 9월　● June 6월　● far from here 여기서부터 멀리

B 다음 빈칸에 알맞은 말을 넣어 대화를 완성하세요.

1 **A :** *What* *year* is it?

　　B : It's 2005.

2 **A :** ＿＿＿＿＿＿ the weather?

　　B : It's fine today.

3 **A :** ＿＿＿＿＿＿ ＿＿＿＿＿＿ is the gym?

　　B : It's 9 miles.

4 **A :** ＿＿＿＿＿＿ day is it?

　　B : ＿＿＿＿＿＿ Thursday.

5 **A :** What's the ＿＿＿＿＿＿ ＿＿＿＿＿＿ ?

　　B : It's snowy.

6 **A :** ＿＿＿＿＿＿ long does it ＿＿＿＿＿＿ from my house to the post office?

　　B : It takes 10 minutes on foot.

7 **A :** What's the ＿＿＿＿＿＿ today?

　　B : It's October 5th, 2005.

●gym 체육관　　●Thursday 목요일　　●on(by) foot 걸어서　　●October 10월

Take a break

팁(Tip)은 서비스의 대가

미국에서는 어떤 형태로든 사람의 손을 통해서 서비스를 받게 되면 팁을 주는 게 일반적입니다. tip이란 상대에 대한 감사의 표시, 즉 마음의 표시라고 합니다. 그럼 얼마의 팁을 줘야 할까요?

식당

식당의 품격에 따라 경우가 다르다. 서비스 요금이 계산서에 청구되지 않았을 때, 일반적으로 팁은 전체 요금의 15~20%를 지불한다. 하지만 팁은 의무 사항이 아니므로, 식당 종업원의 서비스가 정말로 엉망이었다면 안 줘도 무방하다. 뷔페 식당 역시 종업원이 접시를 치워 주는 등 기본적인 서비스를 제공하므로 음식값의 10%를 팁으로 주지만 주문한 음식을 받아오는 패스트푸드점이나 학교나 회사 식당에서는 팁을 줄 필요가 없다.

배달 음식점

피자 등 음식을 배달해 준 사람에게는 대개 음식값의 10%를 지불한다. 기상 조건이 안 좋은 경우에는 1달러 정도 더 주는 것이 좋다.

호텔

호텔에서 가방을 옮기는 것을 도와주는 사람에게는 가방 한 개당 1~2달러 정도를 주면 되는데, 스스로 방으로 가방을 가져가는 경우에는 팁을 안 줘도 된다. 호텔 객실을 청소해 주는 사람들을 위해서는 베개나 테이블 위에 2~5달러 정도를 놓아둔다. 하룻밤 이상 머물 때는 매일 아침 팁을 놓아두는 게 좋다.

기타

택시 기사에게는 택시 요금의 10~15%를, 미용사나 이발사에게는 15~20%를 지불한다.

Unit o6

전치사와 부사

전치사는 명사 앞에 붙어서
위치, 방향, 때를 나타내는 말이고,
부사는 형용사, 동사, 부사를 좀 더
자세히 설명해 주는 말입니다.

06 전치사와 부사

전치사란? 명사 앞에 붙어서 위치, 방향, 때를 나타냅니다.
부사란? 형용사, 동사, 부사를 좀 더 자세히 설명해 주는 말입니다.
우리 말로는 '~하게, ~히'에 해당합니다.

1 전치사의 종류

전치사는 명사 앞에 쓰여서 위치, 방향, 때를 나타냅니다.

1 위치를 나타내는 전치사

on	~위에
under	~아래에
by	~옆에
behind	~뒤에
in	~안에

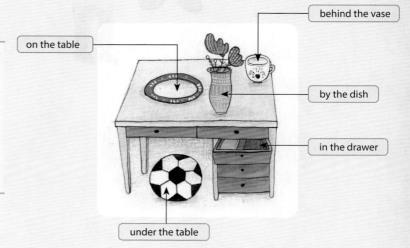

on the table
behind the vase
by the dish
in the drawer
under the table

2 방향을 나타내는 전치사

to	~로	*ex.* I go **to** church every Sunday.
up	~위로	*ex.* The bird is flying **up** the sky.
down	~아래로	*ex.* He is running **down** the hill.

3 때를 나타내는 전치사

at + 시각 / 밤 / 정오 / 자정	in + 계절 / 연도
on + 요일	in the + 아침 / 오후 / 저녁

ex. He plays tennis **in** the morning. 그는 아침에 테니스를 친다.

전치사는 영어에서는 명사 앞에 오지만, 우리말에서는 명사 뒤에 위치합니다.

ex. 책상 위에   탁자 아래   일요일에

on the desk   under the table   on Sunday

 2 **부사**

형용사, 동사, 부사를 좀 더 자세히 설명해 주는 말입니다.
우리말로는 '~하게, ~히'에 해당합니다.

ex. **She is a very cute girl.**   그녀는 매우 귀여운 소녀이다.
        부사   형용사

      She dances cutely.   그녀는 귀엽게 춤춘다.
        동사   부사

      She dances very cutely.   그녀는 매우 귀엽게 춤춘다.
           부사   부사

부사 만들기

대부분의 부사는 형용사에 **ly**를 붙여 만듭니다.(단, '자음+**y**'로 끝나는 형용사는 **y**를 **i**로
바꾸고 **ly**를 붙여 줍니다.)

> 형용사 + **ly** = 부사

bad 나쁜, 못된		**badly** 나쁘게(심하게), 못되게
beautiful 아름다운		**beautifully** 아름답게
cute 귀여운		**cutely** 귀엽게
kind 친절한	**+ly**	**kindly** 친절하게
nice 멋진		**nicely** 멋지게
soft 부드러운		**softly** 부드럽게
careful 조심스러운		**carefully** 조심스럽게
easy 쉬운		**easily** 쉽게
happy 행복한	**+ily**	**happily** 행복하게
merry 즐거운		**merrily** 즐겁게

Warm Up

 A ( ) 안에서 우리말에 알맞은 전치사를 골라 보세요.

1   상자 안에   (under, behind, (in)) the box

2   나의 집으로   (up, behind, to) my house

3   아침에   (in, at, for) the morning

4   책상 위에   (on, behind, in) the desk

5   밤에   (in, at, for) night

6   겨울에   (at, on, in) winter

7   8시에   (in, at, for) 8

8   언덕 위로   (up, down, beside) the hill

9   오후에   (on, with, in) the afternoon

10 일요일에   (at, on, in) Sunday

  ● morning 아침   ● winter 겨울   ● hill 언덕   ● afternoon 오후

B 우리말과 일치하도록 빈칸에 알맞은 전치사를 써 보세요.

1 나무 옆에   *by*   the tree

2 저녁에   the evening

3 여름에   summer

4 소파 아래에   the sofa

5 계단 위로   stairs

6 그 소녀 뒤에   the girl

7 토요일에   Saturday

8 2015년에   2015

9 정각 2시에   2 o'clock

10 가을에   fall

● **sofa** 소파   ● **stairs** 계단   ● **o'clock** 정각에   ● **fall** 가을

A 다음 그림을 보고 그림과 일치하도록 ( ) 안에서 알맞은 전치사들을 골라 보세요.

1 A book is (at, in, on) the desk.

2 A doll is (under, on, behind) the ball.

3 Two books are (at, in, on) the schoolbag.

4 A pencil is (under, by, at) the desk.

5 A ball is (under, by, behind) the schoolbag.

● pencil 연필   ● schoolbag 책가방

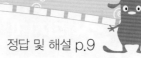

B 다음 그림을 보고 그림과 일치하도록 빈칸에 알맞은 전치사를 써 보세요.

1 A house is   *behind*   the car.

2 A dog is   the car.

3 Mom is   the house.

4 A tree is   the house.

5 Two boys are   the tree.

● house 집 ● tree 나무

C 다음 ( ) 안에서 알맞은 것을 골라 보세요.

1 Tom watches TV (at, in, on) Monday.

2 They usually skate (at, in, on) winter.

3 (In, On, At) Friday, we play PC games.

4 The box falls down (up, on, in) the floor.

5 She and I walk (to, up, with) the library.

6 I climb (up, in, at) the big rock.

7 The baby drinks milk (at, in, on) night.

8 He calls his family (on, at, in) the evening.

9 My school starts (in, at, on) 8 o'clock.

10 (At, On, In) the morning, I always have breakfast.

● skate 스케이트를 타다 ● PC game 컴퓨터 게임 ● fall 떨어지다 ● floor 마루
● library 도서관 ● climb 오르다 ● rock 바위 ● night 밤 ● evening 저녁

D 다음 빈칸에 알맞은 전치사를 보기에서 골라 써 보세요.

in	on	at	to	up

1 David visits her *in* the afternoon.

2 I can't rest _____ Saturday.

3 Peter meets Jane _____ noon.

4 The shop opens _____ 11 o'clock.

5 He studies _____ the class room.

6 The baby was born _____ 2014.

7 She walks _____ the hill. 언덕 위로

8 My garden is beautiful _____ spring.

9 The boy goes _____ church _____ Sundays.

10 He says to me 'Hello' _____ the morning.

● afternoon 오후 ● rest 쉬다 ● noon 정오 ● was born 태어났다 ● garden 정원
● drive 운전하다 ● parents 부모님

A 주어진 형용사의 부사의 형태를 쓰고 우리말로 바꿔 보세요.

1 happy – *happily* – 행복하게

2 bad –   –

3 soft –   –

4 kind –   –

5 nice –   –

6 merry –   –

7 easy –   –

8 cute –   –

9 beautiful –   –

10 careful –   –

B 다음 ( ) 안에서 알맞은 것을 골라 보세요.

1 The bird sings (merry, merrily). 그 새는 즐겁게 노래한다.

The bird is (merry, merrily). 그 새는 즐겁다.

2 The cat is so (cute, cutely). 그 고양이는 너무 귀엽다.

The cat eats it (cute, cutely). 그 고양이는 그것을 귀엽게 먹는다.

3 You write a book (easy, easily). 너는 책을 쉽게 쓴다.

You write an (easy, easily) book. 너는 쉬운 책을 쓴다.

4 He is too (careful, carefully). 그는 너무 조심스럽다.

Listen (careful, carefully). 잘 들어.

5 The view is (beautiful, beautifully). 그 경치는 아름답다.

She sings (beautiful, beautifully). 그녀는 아름답게 노래한다.

6 It is a (bad, badly) game. 그것은 나쁜 게임이다.

She plays the game (bad, badly). 그녀는 서투르게(나쁘게) 게임을 한다.

● write 쓰다 ● view 경치 ● badly 나쁘게, 심하게, 서투르게

A 주어진 단어의 알맞은 형태를 써서 문장을 완성하세요.

1 The woman is *kind* to me. (kind) 그 여자는 나에게 친절하다.

The woman shows me the way _____. (kind)

그 여자는 나에게 친절하게 길을 알려준다.

2 She smiles _____. (soft) 그녀는 부드럽게 미소 짓는다.

Her smile is _____. (soft) 그녀의 미소는 부드럽다.

3 This test is _____. (easy) 이 테스트는 쉽다.

He solves the quiz _____. (easy) 그는 그 퀴즈를 쉽게 푼다.

4 He talks with Jane _____. (merry) 그는 Jane과 즐겁게 말한다.

He is always _____. (merry) 그는 항상 즐겁다.

5 She drives a car _____. (nice) 그녀는 멋지게 운전한다.

She has a _____ car. (nice) 그녀는 멋진 차를 가지고 있다.

● **show** 보여주다, 알려주다   ● **solve** 풀다   ● **quiz** 퀴즈   ● **drive** 운전하다

B 주어진 단어의 알맞은 형태를 써서 문장을 완성하세요.

1 My mom and dad are *happy* . (happy)

2 Jane answers me _____ . (kind)

3 He cuts his finger _____ . (bad)

4 She has _____ hair. (beautiful)

5 There is some _____ bread. (soft)

6 Tom reads the letter _____ . (careful)

7 Tom is a _____ guy. (nice)

8 She has two _____ dolls. (cute)

9 Dad fixes the computer _____ . (easy)

10 The wind blows _____ . (soft)

●answer 대답하다 ●cut 자르다 ●finger 손가락 ●bark 짖다 ●fix 고치다
●wind 바람 ●blow 불다

01 다음 ( ) 안에서 알맞은 것을 골라 보세요.

1. How many (rose, roses) does she buy everyday?

2. How much (bread, breads) do you eat in a day?

3. How (many, much) water do you drink in the morning?

4. How (many, much) books does he read in a week?

5. How (many, much) roses are in the garden?

02 다음 ( ) 안에서 알맞은 것을 골라 보세요.

1. Who (sing, sings) every night?

2. How many animals (is, are) in the zoo?

3. Who (take, takes) a shower?

4. How many teachers (is, are) in your school?

5. Who (draw, draws) this?

03 ( ) 안에 주어진 단어들을 배열하여 우리말과 일치하는 의문문을 완성하세요.

1. **How often** _____ ? (tennis, does, play, he)
   ⇨ 그는 얼마나 자주 테니스를 치니?

2. **How many ships** _____ ? (Bill, make, does)
   ⇨ Bill은 얼마나 많은 배들을 만드니?   ship 배

3. **How long** _____ ? (this, snake, is)
   ⇨ 이 뱀은 얼마나 기니?

4. **What food** _____ ? (like, does, she)
   ⇨ 그녀는 무슨 음식을 좋아하니?   food 음식

5. **How much sugar** _____ ? (do, need, you)
   ⇨ 너는 얼마나 많은 설탕이 필요하니?

04 ( ) 안에 주어진 동사를 이용하여 우리말과 일치하는 의문문을 완성하세요.

1. _____ a picture? (take)
   ⇨ 누가 사진을 찍니?

2. **How many days** _____ ? (be)
   ⇨ 일주일에 며칠이 있니?   in a week 일주일에

3. _____ your homework? (check)
   ⇨ 누가 너의 숙제를 점검하니?   check 점검하다

4. _____ English? (study)
   ⇨ 누가 영어를 공부하니?

5. **How many students** _____ camping? (go)
   ⇨ 얼마나 많은 학생들이 캠핑가니?   go camping 캠핑가다

01 다음 (   ) 안에서 알맞은 것을 골라 보세요.

1. What time is (that, it)?   - (It, That) is 8 o'clock.

2. (What, How) month is it?   - It's May.

3. How's the weather (like, X)?   - (It's, That's) cloudy.

4. How long does it take?   - It (is, takes) 3 hours.

5. (How's, What's) the weather like?   - (It's, That's) cloudy.

6. What's the (day, date)?   - It's May 11th.

02 다음 물음에 알맞게 빈칸을 채워 보세요.

1. What year is it?   -   2014.

2.   is it?   - Summer.

3.   is it?   - Monday.

4. What date   ? - It's July 20th.

5.   does it take to your house?

   - It takes 50 minutes.

6. How far is it?   -   20 miles.

7.   the weather ?   -   windy.

03 다음 ( ) 안에서 알맞은 것을 골라 보세요.

1. A computer is (in, under, on) my desk.
   ⇨ 내 책상 위에 컴퓨터가 있다.

2. She plays golf (on, in) Sundays.
   ⇨ 그녀는 일요일마다 골프를 친다.

3. Tom is standing (by, behind, to) the tree.
   ⇨ Tom은 나무 뒤에 서있다.

4. The bank is (by, in, to) the Baskin Robbins.
   ⇨ 그 은행은 베스킨라빈스 옆에 있다.

5. He is climbing (up, down, to) a tree.
   ⇨ 그는 나무 위로 기어 오르고 있다.

04 다음 빈칸에 알맞은 전치사를 써 보세요.

1. A cap is _____ the table.
   ⇨ 모자가 탁자 아래에 있다.

2. Dad goes _____ the stairs.
   ⇨ 아빠는 층계를 내려오신다.

3. An old watch is _____ the box.
   ⇨ 낡은 시계가 상자 안에 있다.

4. My cat is _____ the bed.
   ⇨ 나의 고양이는 침대 아래에 있다.

5. My friends are _____ Jane.
   ⇨ 내 친구들은 Jane 옆에 있다.

01 다음 ( ) 안에서 알맞은 것을 골라 보세요.

1. She washes the dishes (in, on, at) night.

2. I take a shower (in, on, at) the morning.

3. The boy takes a piano lesson (in, on, at) 10.

4. Flowers bloom (in, on, at) spring.   bloom 피다

5. Dad reads a newspaper (in, on, at) the evening.   newspaper 신문

02 다음 빈칸에 알맞은 전치사를 써 보세요.

1. School starts   March.

2. Mom walks a dog   noon.

3. He learns English   Fridays.

4. We have a meeting   the afternoon.

5. She was born   2000.

03 다음 ( ) 안에서 알맞은 것을 골라 보세요.

1. He paints a picture (nice, nicely).

2. She has a (beautiful, beautifully) daughter. daughter 딸

3. Jane makes a paper boat (easy, easily). paper boat 종이배

4. Ann is a (kind, kindly) nurse.

5. They live (happy, happily).

04 주어진 단어를 이용하여 알맞은 형태로 빈칸을 채워 문장을 완성해 보세요.

1. Jane is _____ of the dog. (careful) be careful of ~에 주의하다

2. She smiles _____ . (cute)

3. They work _____ . (merry)

4. He is a _____ guy. (nice) guy 녀석, 사람

5. Mom speaks _____ . (soft)

Take a break

미국의 각 주 이름의 유래

미국 각 주의 이름은 미국 사회를 구성하고 있는 다양한 인종처럼 인디언어(Indian), 스페인어(Spanish), 프랑스어(French), 영어(English)에서 유래되었습니다. 다음은 미국의 전체 50개 주 중에서 몇몇 주의 이름이 어디에서 유래되었는지 알아보겠습니다.

애리조나(Arizona)
미국 남서부에 있는 주로, 인디언 어로 '작은 샘(little spring)'이라는 뜻이다.

캔자스(Kansas)
미국의 본토 한가운데 자리잡고 있는 주이다. 주를 가로질러 흐르는 캔자스 강에서 유래되었으며, 인디언어로 '남풍의 사람들(people of south wind)'이란 뜻이다.

미시시피(Mississippi)
미국 남부에 위치한 주로, 인디언 어로 '폭포의 아버지(father of the waters)'라는 뜻이다.

캘리포니아(California)
서부 해안의 절반에 걸쳐 위치한 주로 미국에서 인구가 가장 많다. 캘리포니아는 스페인의 옛날 이야기 속에 나오는 '상상 속의 섬'을 뜻한다.

일리노이(Illinois)
미국 중서부에 위치한 주로, Iillini를 프랑스어로 표현한 것이다. 인디언 어로 '남자(man) 또는 전사(warrior)'라는 뜻이다.

뉴햄프셔(New Hampshire)
미국 동부 맨 위쪽에 자리잡은 주로, 영국의 Hampshire지역을 따서 지어졌다.

버지니아(Virginia)
미국 동부에 위치한 주로, 결혼하지 않은 처녀 여왕(the Virgin Queen)인 영국의 엘리자베스 1세를 찬양하여 붙여졌다.

플로리다(Florida)
미국 남동부에 위치한 주로, 스페인 탐험가가 '꽃이 만발한(flowery)'이라고 붙인 것에서 유래되었다.

루이지애나(Louisiana)
미국 남부에 위치한 주로, 프랑스 탐험가들이 처음 정착하여 프랑스 왕인 루이 14세의 이름을 따서 붙여진 이름이다.

Unit 07

명령문과 감탄문

명령문이란 상대방에게 지시할 때
사용하는 문장으로 주어를 없애고
동사원형으로 시작합니다.
감탄문은 감정을 표현하는 문장으로서
우리말로 '얼마나 ~한지!'라는 뜻을
가집니다.

07 명령문과 감탄문

명령문이란? 상대방에게 지시하는 문장을 말합니다.
감탄문이란? 감정을 표현하는 문장으로서 우리말로 '얼마나 ~한지!'라는
뜻을 가집니다.

1 명령문

1 주어를 없애고 동사원형으로 시작하는
문장을 만들면 명령문이 됩니다.

ex. ~~You~~ show me your pictures.
→ **Show** me your pictures. 나에게 너의 사진들을 보여줘.
~~You~~ are diligent.
→ **Be** diligent. 부지런해라.   *are의 동사원형은 be입니다.

꼭꼭 짚고 가요! 명령문은 상대방에게 지시하기 때문에 주어가 필요 없습니다. 엄마가 우리에게 밥을 먹으라고 하실 때 'OOO야! 너는 아침(식사)을 먹는다' 라고 말씀하시지 않습니다.

'아침(식사)을 먹어라!'고 하시지요. 영어에서도 'You eat breakfast.'에서 주어 You를 빼고 말합니다. 그러므로 주어가 빠진 'Eat breakfast'는 '아침식사를 먹는다'가 아니고 '아침식사를 먹어라'는 뜻이 됩니다.

2 부정 명령문
'~을 하지 말아라'는 뜻을 지닌 부정 명령문은 무조건 명령문 앞에 '**Don't**'를 붙이면 됩니다.

ex. **Don't do** that.   그렇게 하지 마라.
Don't be late for school. 학교에 늦지 마라.

3 제안하는 문장
'~하자, ~합시다'라는 문장을 말합니다.

❶ 제안하는 문장 만들기
이런 제안하는 문장은 명령문 앞에 '**Let's**'를 붙여 주면 됩니다.
ex. **Open** the box. → **Let's open** the box. 그 상자를 열자.

❷ 제안하는 문장의 부정문 만들기
ex. **Let's not open** the box. 그 상자를 열지 말자.

2 감탄문

① **종류 :** 감탄문은 what과 how로 시작하는 2가지 종류가 있습니다.

❶ What으로 시작하는 감탄문

명사가 있는 내용에 대한 감탄문은 **what**으로 시작합니다.

> **What** + <a(an)> + 형용사 + 명사 + 주어 + 동사

ex. <u>What　a　kind man he is!</u> 그는 얼마나 친절한 사람인지!
　　　What　a(an)　형용사　명사　주어　동사

❷ How로 시작하는 감탄문

형용사나 부사가 있는 내용에 대한 감탄문은 **how**로 시작합니다.

> **How** + 형용사/부사 + 주어 + 동사

ex. <u>How　kind　the man　is!</u> 그 남자는 얼마나 친절한지!
　　　How　형용사　주어　동사

② 감탄문 만들기

– very를 what이나 how로 바꿔 문장 앞으로 보내고 뒤에 '주어 + 동사'를 붙여 주면 됩니다.

– very 뒤에 명사가 있을 때는 **what**으로 시작하는 감탄문을 만듭니다.

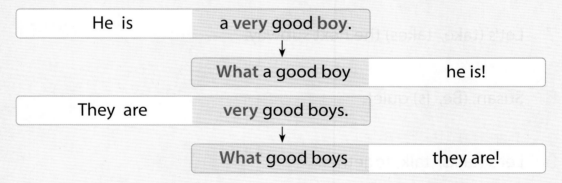

He is	a **very** good boy.
What a good boy	he is!

They are	**very** good boys.
What good boys	they are!

– very 뒤에 명사가 없을 때는 **how**로 시작하는 감탄문을 만듭니다.

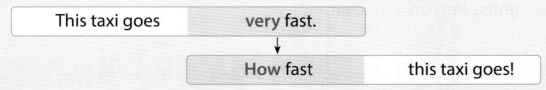

This taxi goes	**very** fast.
How fast	this taxi goes!

A 다음 ( ) 안에서 알맞은 것을 골라 문장을 완성하세요.

1 (Has, (Have)) a good time.

2 (Cleans, Clean) up the classroom.

3 (Do, Does) your homework now.

4 (Be, Are) a good student.

5 Let's (go, goes) there.

6 (Are, Be) kind to your friends.

7 Let's (take, takes) the next subway.

8 Susan, (Be, Is) quiet.

9 Let's (talks, talk) together.

10 (Puts, Put) on your coat.

● classroom 교실　● homework 숙제　● subway 지하철　● quiet 조용한
● put on ~을 입다　● coat 코트

정답 및 해설 p.10

B 주어진 문장을 지시대로 바꿔 쓸 때 빈칸을 채워 보세요.

1 You read this book.

⇨ _Read_ this book (명령문)

2 You turn on the light.

⇨ _____ on the light. (명령문)

3 You watch your steps.

⇨ _____ your steps. (명령문)

4 We go back home.

⇨ _____ _____ back home. (제안문)

5 You close your mouth.

⇨ _____ your mouth. (명령문)

6 We play outside.

⇨ _____ _____ outside. (제안문)

7 You make your bed.

⇨ _____ your bed. (명령문)

8 We jump high.

⇨ _____ _____ high. (제안문)

9 You look at this.

⇨ _____ at this. (명령문)

10 We stop working.

⇨ _____ _____ working. (제안문)

● step 걸음 ● watch your step 조심해서 걷다 ● mouth 입 ● outside 밖에서

A 주어진 문장을 지시대로 바꿔 써 보세요.

1 You study English hard.

⇨ *Study English hard.* (명령문)

2 We have some sandwiches for lunch.

⇨ (제안문)

3 You drive carefully.

⇨ (명령문)

4 We push the car.

⇨ (제안문)

5 You catch a taxi.

⇨ (명령문)

6 We play the video game.

⇨ (제안문)

7 You turn on the TV.

⇨ (명령문)

8 We go to Judy's birthday party.

⇨ (제안문)

9 You wash your sneakers.

⇨ (명령문)

10 We paint the roof.

⇨ (제안문)

● sandwich 샌드위치　● carefully 주의깊게　● push 밀다　● video game 비디오 게임
● sneakers 운동화

정답 및 해설 p.10, 11

B 주어진 문장을 부정문으로 만들어 보세요.

1 Do that.
⇨ *Don't do that.*

2 Let's drink coffee.
⇨

3 Wear a sunglasses.
⇨

4 Run in the hallway.
⇨

5 Look out of the window.
⇨

6 Let's go shopping.
⇨

7 Water these flowers.
⇨

8 Let's write back to him.
⇨

9 Let's try it.
⇨

10 Swim in the river.
⇨

● wear 입다, 쓰다 ● hallway 복도 ● window 창문 ● go shopping 쇼핑을 가다
● water 물을 주다 ● try 시도하다 ● river 강

A 다음 문장에서 very 뒤에 명사가 있으면 형광펜으로 표시해 보세요. 감탄문으로 바꿀 때 (   )안에서 알맞은 것을 골라 보세요.

1 The boy is very handsome.

⇨ (What, (How)) handsome the boy is!

2 This is very cold water.

⇨ (What, How) cold water this is!

3 This book is very fun.

⇨ (What, How) fun this book is!

4 That is a very good man.

⇨ (What, How) a good man that is!

5 It is a very big dog.

⇨ (What, How) a big dog it is!

6 These rooms are very clean.

⇨ (What, How) clean these rooms are!

7 The airplane is very wonderful.

⇨ (What, How) wonderful the airplane is!

8 That is a very delicious cake.

⇨ (What, How) a delicious cake that is!

9 The baby is very smart.

⇨ (What, How) smart the baby is!

10 She is a very tall girl.

⇨ (What, How) a tall girl she is!

● fun 재미있는　● handsome 잘생긴　● delicious 맛있는　● smart 똑똑한　● tall 키가 큰

B 다음 빈칸에 알맞은 말을 넣어 감탄문으로 써 보세요.

1 I am | very hungry

→ *How hungry* | *I am!*

2 It is | a very fine day.

→ ___ !

3 This is | a very nice hat.

→ ___ !

4 Yuna skates | very well.

→ ___ !

5 The coffee is | very hot.

→ ___ !

6 That is | a very long hot dog.

→ ___ !

● fine 좋은   ● hot dog 핫도그

C 다음 빈칸에 알맞은 말을 넣어 감탄문으로 써 보세요.

1 She is   a very good girl.

⟶

What a good girl   *she is!*

2 That is   a very big cake.

⟶

!

3 The eggs are   very fresh.

⟶

!

4 The man is   very old.

⟶

!

5 It is   a very pretty bird.

⟶

!

6 My mom is   very fat.

⟶

!

● fresh 신선한   ● fat 뚱뚱한

D 주어진 문장을 감탄문으로 바꿔 보세요.

1 He works very hard.

⇨ _____ *How hard* _____ he works!

2 The old man eats very slow.

⇨ _____ the old man eats!

3 This is a very funny story.

⇨ _____ this is!

4 Mrs. Jo is a very skinny woman.

⇨ _____ Mrs. Jo is!

5 Tommy runs very fast.

⇨ _____ Tommy runs!

6 Kate is very pretty.

⇨ _____ Kate is!

7 He is a very nice friend.

⇨ _____ he is!

8 Her face is very small.

⇨ _____ her face is!

9 She is a very cute baby.

⇨ _____ she is!

10 That is a very sweet stick candy.

⇨ _____ that is!

● **interesting** 흥미있는 ● **skinny** 마른 ● **face** 얼굴 ● **sweet** 달콤한 ● **stick candy** 막대사탕

 주어진 문장을 감탄문으로 바꿔 보세요.

1 They dance very nicely.

⇨ *How* nicely *they* dance!

2 The old lady is very sick.

⇨ How the old lady !

3 She is a very warm woman.

⇨ What is!

4 Mr. Lee is a very rich man.

⇨ a rich man Mr. Lee !

5 Tom draws very well.

⇨ How draws!

6 Those are very strong men.

⇨ strong men those !

7 It is very hot water.

⇨ it is!

8 Jack's eyes are very small.

⇨ How are !

9 He is a very lovely kid.

⇨ a lovely kid is!

10 That student is very kind.

⇨ kind is!

 ● rich 부유한 ● warm 따뜻한 ● strong 강한 ● hot 뜨거운 ● lovely 사랑스러운

B 주어진 문장을 감탄문으로 바꿔 보세요.

1 Jane is a very slim girl.
⇨ *What a slim girl Jane is* !

2 New York is a very large city.
⇨ !

3 He speaks English very well.
⇨ !

4 She looks very young.
⇨ !

5 Tom is a very famous actor.
⇨ !

6 This bread is very soft.
⇨ !

7 The movie is very boring.
⇨ !

8 It is a very warm sweater.
⇨ !

9 These books are very thick.
⇨ !

10 Those roses are very beautiful.
⇨ !

● fat 뚱뚱한　● large 큰　● city 도시　● young 젊은　● famous 유명한　● actor 배우
● boring 지루한　● sweater 스웨터　● thick 두꺼운　● slowly 느리게

Take a break

대화할 때 지켜야 할 에티켓

미국을 방문했을 때 또는 우리나라에 들어온 미국인 친구들과 대화를 할 때 알아두어야 할 에티켓들이 있습니다. 이런 에티켓들 중에는 우리나라와 다른 것이 많이 있으므로 상대방에게 실례를 범하지 않도록 주의해야 합니다.

개인 공간 유지하기(Personal Space)

미국인들은 대개 대화를 할 때 '사적 공간'이라고 해서 60~90cm(팔길이 정도) 만큼 거리를 둔다. 이 공간이 침범되면 불편함을 느끼므로 이 거리를 지켜 주는 것이 좋다. 연인이나 가족 관계일 경우에는 상관없고, 사람이 북적이는 장소에서는 어쩔 수 없으므로 서로 이해하지만 그래도 몸이 부딪히지는 않도록 주의해야 한다.

눈을 보고 말하기(Eye Contact)

우리나라에서는 어른의 눈을 똑바로 쳐다보는 것은 버릇없게 받아들여지지만, 미국에서는 상대방의 눈을 쳐다보지 않으면 자신감이 없거나 뭔가를 숨기고 있다는 인상을 주게 된다. 즉, 상대방을 바라보는 것은 상대에게 관심과 존중감을 나타낸다고 여겨진다.

호칭

남성에게는 미스터(Mr.), 여성에게는 미즈(Ms.)뒤에 성을 붙여서 부른다. 상대방이 먼저 특정한 이름으로 불러달라고 하면, 원하는 대로 불러 주는 것이 좋다. 특별한 직함이 있는 경우에는 성 앞에 직함을 붙여 부르고, 이름을 모를 경우에는 남성은 Sir, 여성은 Ma'am이라고 한다.

Unit 08

조동사 can과
접속사

조동사는 동사의 의미를
좀 더 분명히 알 수 있도록 도와주는
(보)조동사입니다. 그리고 접속사는 단어와
단어, 문장과 문장을 연결해 주는 말로
and, or, but의 세 가지가 있습니다.

Unit 08

조동사 can과 접속사

조동사란? 조동사는 동사의 의미를 좀 더 분명히 알 수 있도록 도와주는 (보)조동사입니다.

ex. will ~일 것이다, can ~할 수 있다…

접속사란? 단어와 단어, 문장과 문장을 연결해 주는 말입니다.

1 조동사 can

can은 '~할 수 있다' 라는 뜻의 조동사로 can 뒤에는 반드시 동사 원형이 와야 합니다.

> can + 동사 원형

ex. He swims in the sea.

He **can** swim~~s~~ in the sea. 그는 바다에서 수영할 수 있다.

1 can이 있는 문장의 부정문

can뒤에 not을 붙여 주면 됩니다. 이 때의 can not은 cannot처럼 붙여쓰기도 하며 줄임말은 can't입니다.

ex. The child can read this book.

→ The child **cannot** read this book.

그 어린이는 그 책을 읽을 수 없다.

2 can이 있는 문장의 의문문

주어와 **can**의 위치만 바꾸고 문장 뒤에 물음표(**?**)를 붙이면 됩니다.

ex. The child can read this book.

→ **Can** the child read this book? 그 어린이는 그 책을 읽을 수 있니?

3 can이 있는 문장의 의문문의 대답

Yes나 No로 대답하고 동사는 **can**을 사용하면 됩니다.

ex. Can the child read this book?

긍정 – **Yes, he can.**　네, 할 수 있어요.

부정 – **No, he can't.**　아니오, 할 수 없어요

접속사의 종류

대표적인 접속사로 **and, or, but** 세 가지가 있습니다.

and	~와, ~과, 그리고	단어와 단어, 문장과 문장을 연속해서 이어 줄 때
or	~또는, 혹은	두 개 이상에서 선택할 때
but	~하지만, 그러나	앞 뒤 내용이 반대일 때

ex. Mr. Kim is kind **and** handsome.
김씨는 친절하고 잘생겼다.

Which do you like, coffee **or** tea?
너는 커피 또는 차 중에서 어느 것을 좋아하니?

I love Jane **but** she doesn't love me.
나는 Jane을 사랑하지만 그녀는 나를 사랑하지 않는다.

Warm Up

A 다음 ( ) 안에서 알맞은 것을 골라 보세요.

1 I (can play, can plays) the violin. 나는 바이올린을 연주할 수 있다.

2 You (can play, can plays) the violin. 너는 바이올린을 연주할 수 있다.

3 He (can plays, can play) the violin. 그는 바이올린을 연주할 수 있다.

4 She (can plays, can play) the violin. 그녀는 바이올린을 연주할 수 있다.

5 Tom (can play, can plays) the violin. 톰은 바이올린을 연주할 수 있다.

6 We (can plays, can play) the violin. 우리는 바이올린을 연주할 수 있다.

7 You (can play, can plays) the violin. 너희들은 바이올린을 연주할 수 있다.

8 They (can plays, can play) the violin. 그들은 바이올린을 연주할 수 있다.

9 I (can sings, can sing) well. 나는 노래를 잘 할 수 있다.

10 You (can sings, can sing) well. 너는 노래를 잘 할 수 있다.

11 He (can sing, can sings) well. 그는 노래를 잘 할 수 있다.

12 She (can sings, can sing) well. 그녀는 노래를 잘 할 수 있다.

13 Tom (can sing, can sings) well. 톰은 노래를 잘 할 수 있다.

14 We (can sing, can sings) well. 우리는 노래를 잘 할 수 있다.

15 You (can sings, can sing) well. 너희들은 노래를 잘 할 수 있다.

16 They (can sing, can sings) well. 그들은 노래를 잘 할 수 있다.

정답 및 해설 p.12

B 다음 ( ) 안에서 알맞은 것을 골라 보세요.

1 I (walk, walks) to school.

2 We can (buy, buys) the hamburgers.

3 We can (do, does) it.

4 Kate (meet, meets) him.

5 He can (eat, eats) tomatoes.

6 She (love, loves) her mother.

7 I can (goes, go) with Jane.

8 We can (finds, find) a white house.

9 Judy (listens, listen) to his song.

10 The boy (ride, rides) a bike.

● buy 사다 ● hamburger 햄버거 ● meet 만나다 ● find 발견하다
● listen to ~을 듣다 ● ride 타다

A 다음 ( ) 안에 주어진 단어를 알맞은 형태로 써 보세요.

1 He can *drink* hot water. (drink)

2 Her son can a newspaper. (read)

3 She the flute. (play)

4 We can his mind. (change)

5 You can a truck. (drive)

6 The baby well. (sleep)

7 The students to the bus stop. (run)

8 I can for 3 hours. (study)

9 My friend can tennis well. (play)

10 David and I a taxi stand. (look for)

● newspaper 신문 ● flute 플루트 ● mind 마음 ● change 바꾸다 ● hour 시간
● taxi stand 택시승강장

B 주어진 문장을 부정문과 의문문으로 만들어 보세요.

긍정문	부정문
1 Jane can ski well.	Jane ___can't___ ___ski___ well.
2 I can push it.	I _____ _____ it.
3 Brian can do the work.	Brian _____ _____ the work.
4 They can make a robot.	They _____ _____ a robot.
5 He can teach math.	He _____ _____ math.

긍정문	의문문
6 You can speak English.	_____ _____ _____ English?
7 She can see everything.	_____ _____ _____ everything?
8 They can get up at 6.	_____ _____ _____ up at 6?
9 John can give a call.	_____ _____ _____ a call?
10 You can dance now.	_____ _____ _____ now?

● ski 스키를 타다 ● draw 그리다 ● robot 로봇 ● math 수학 ● speak 말하다
● everything 모든 것 ● give a call 전화하다

A 주어진 문장을 지시대로 바꿔 보세요.

1	I can catch a ball.	부정문	_I can't catch_ a ball.
2	She can call Tom.	의문문	_____ Tom?
3	We can speak English.	부정문	_____ English.
4	Your son can go there.	부정문	_____ there.
5	You can hear me.	의문문	_____ me?
6	His brothers can carry it.	부정문	_____ it.
7	Abby can write a diary.	의문문	_____ a diary?
8	You can leave your message.	의문문	_____ your message?
9	We can meet our teacher.	부정문	_____ our teacher.
10	The boy can talk to Jane.	의문문	_____ to Jane?

● **there** 거기에 ● **carry** 운반하다, 나르다 ● **diary** 일기 ● **leave** 남기다
● **message** 메시지

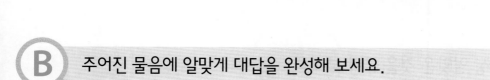

B 주어진 물음에 알맞게 대답을 완성해 보세요.

물음	대답
1 Can he sing the song?	Yes, _he can_ .
2 Can she take a bath?	Yes, _____ .
3 Can I put on her shoes?	No, _____ .
4 Can she cut this cake?	Yes, _____ .
5 Can you(너는) walk to the library?	No, _____ .
6 Can Mary cook rice?	No, _____ .
7 Can they find the building?	Yes, _____ .
8 Can you(너희들은) follow me now?	No, _____ .
9 Can he skate everyday?	Yes, _____ .
10 Can you(너는) take your brother?	No, _____ .

● take a bath 목욕하다　● rice 쌀　● building 건물　● follow 따르다　● take 데려오다

 A 다음 ( ) 안에서 가장 알맞은 것을 골라 보세요.

1 I love my son ((and), or, but) my daughter.

2 She is ugly (and, or, but) wise.

3 Anna (and, or, but) Tommy go camping.

4 I don't like Mike, (and, or, but) he likes me.

5 Would you like milk (and, or, but) soda?

6 They stay at home (and, or, but) clean the bedroom.

7 I can eat carrots, (and, or, but) he can't eat carrots.

8 Will you go by train (and, or, but) by plane?

9 She goes to the sea (and, or, but) the mountain every Sunday.

10 He is very kind (and, or, but) good .

 ● ugly 못생긴 ● wise 현명한 ● bedroom 침실 ● by train 기차로 ● by plane 비행기로
● sea 바다 ● mountain 산

B 다음 빈칸에 and, or, but 중 가장 알맞은 접속사를 써 넣어 보세요.

1 Do it slowly   *and*   carefully.

2 He can skate,   he can't ski.

3 The pigs eat   sleep.

4 Does Jane cry   laugh?

5 She is beautiful   kind.

6 I sing well   my sister dances well.

7 My brother is thin,   he is strong.

8 She washes her hands   brushes her teeth.

9 I am tired,   I can do it.

10 Is the umbrella yellow   red?

● slowly 느리게 ● laugh 웃다 ● beautiful 아름다운 ● thin 마른 ● strong 강한
● brush one's teeth 이를 닦다 ● tired 피곤한 ● yellow 노란색의

Take a break

식사 예절

우리나라에선 예로부터 밥상머리의 예절을 중요시하였습니다. 미국에서도 역시 식사시에 지켜야 할 예절들이 많습니다. 조금 다른 점은 우리나라의 식사 예절에서는 식사를 할 때 말을 하는 것이 예의에 어긋나는 행동(요즘은 많이 달라졌죠?)이지만 미국에서는 약간의 담소를 나누면서 식사를 하는 것이 예의입니다.

식탁에 팔꿈치를 올리지 말자
식사를 하다 보면 턱을 괴고 있거나 식탁에 팔꿈치를 올려놓는 사람들이 종종 있다. 우리나라에서도 좋은 행동으로 여겨지지 않는 행동인데, 미국에서도 역시 절대 해서는 안 된다.

손을 쭉 뻗어 음식을 잡지 않는다
멀리 있는 음식이나 소금이나 후추 같은 조미료가 필요할 때는 일어서서 가져오거나 손을 뻗어서 집지 말고, 근처에 있는 사람에게 건네 달라고 부탁해야 한다.

자신의 식기를 사용한다
개인 접시에 적당량의 음식을 담고서 자신의 나이프와 포크를 이용해서 음식을 먹어야 한다. 다른 사람의 음식에 손을 대거나 자신의 그릇에 있던 음식을 남의 그릇에 옮기는 행동은 절대 하지 말아야 한다.

음식은 소리 내서 먹지 않는다
뜨거운 음식을 '후~~후~~'하고 불어 먹는 것은 실례이므로 식을 때까지 기다렸다가 먹도록 해야 한다. 또한 입 안에 음식이 든 채로 말하는 것은 피해야 한다. 빵이나 프렌치 프라이, 바싹하게 구운 베이컨 등은 손으로 먹어도 무방하다.

휴대폰은 끄거나 진동으로 한다
식사를 할 때 전화를 받는 것은 무례하게 여겨질 수 있다. 반드시 받아야 할 전화가 있을 때는 양해를 구하고 자리를 잠깐 피해서 전화를 받는다.

사용한 포크와 나이프는 접시 위에 올려놓는다
식사를 마친 후에는 사용한 식기를 접시 오른쪽 위에 같이 올려놓는다.

Unit **09**

미래형

미래형이란 앞으로 일어날 일이나
계획을 말할 때 사용하는
문장의 형태를 말합니다.
우리말로는 '～할 것이다,
～할 예정이다'입니다.

09 미래형

미래형이란? 앞으로 일어날 일이나 계획을 말할 때 사용하는 것으로 will 또는 be going to를 써서 나타냅니다. 우리말로는 '～할 것이다, ～할 예정이다'입니다.

1 미래형 만들기 A

미래형 문장은 미래형 조동사 will을 동사 앞에 붙여서 만들 수 있습니다.
단, will은 조동사이므로 뒤에는 반드시 동사 원형이 와야 합니다.

> will + 동사 원형

ex. He buys a computer. 그는 컴퓨터를 산다.
　　 He **will** buy~~s~~ a computer. 그는 컴퓨터를 살 것이다.

1 will이 들어간 문장의 부정문

조동사 will 바로 뒤에 **not**만 붙이면 됩니다.
will not의 줄임말은 **won't**입니다.

ex. He will sing a song.
　　 → He **will not** sing a song. 그는 노래하지 않을 것이다.

2 will이 들어간 문장의 의문문

주어와 will의 위치만 바꾸고 문장 뒤에 물음표(?)만 붙이면 됩니다.

ex. You will work next Sunday.
　　 → **Will** you work next Sunday? 너는 다음 일요일 일할거니?

3 will로 시작하는 문장의 의문문의 대답

Yes나 No로 대답하고 동사는 will을 사용하면 됩니다.

ex. **Will** you work next Sunday?
　　 긍정 – Yes, I **will**. 네, 할 거예요.
　　 부정 – No, I **will not(won't)**. 아니오, 하지 않을 거예요.

2 미래형 만들기 B

미래형 조동사 will 대신 be going to를 동사 앞에 붙여서 미래형 문장을 만들 수 있습니다. 이 때 will과 마찬가지로, be going to 뒤에는 반드시 동사원형이 와야 합니다.

> be going to + 동사 원형

ex. He buys a computer.   그는 컴퓨터를 산다.

He **is going to** buy~~s~~ a computer.   그는 컴퓨터를 살 것이다.

= He **will** buy a computer.

1 be going to가 들어간 문장의 부정문

be동사 바로 뒤에 **not**을 붙입니다.

ex. He is going to sing a song.

→ He **is not going to** sing a song.   그는 노래하지 않을 것이다.

2 be going to가 들어간 문장의 의문문

주어와 be동사의 위치를 바꾸고, 문장 뒤에 물음표(?)를 붙입니다.

ex. You are going to work next Sunday.

→ **Are** you **going to** work next Sunday?   너는 다음 일요일에 일할 거니?

3 be going to로 시작하는 문장의 의문문의 대답

Yes나 No로 대답하고 동사는 be동사를 사용하면 됩니다.

ex. **Are** you **going to** work next Sunday?

긍정 – **Yes, I am.**   네. 할거에요.

부정 – **No, I'm not.**   아니요. 하지 않을 거에요.

A 다음은 미래형 문장들입니다. (   ) 안에서 알맞은 것을 골라 보세요.

1	I	(will am, **will be**)	there.	나는 거기에 가 있을 것이다.
2	You	(will be, will are)	there.	너는 거기에 가 있을 것이다.
3	He	(will is, will be)	there.	그는 거기에 가 있을 것이다.
4	She	(will be, will is)	there.	그녀는 거기에 가 있을 것이다.
5	Tom	(will is, will be)	there.	톰은 거기에 가 있을 것이다.
6	We	(will be, will are)	there.	우리는 거기에 가 있을 것이다.
7	You	(will be, will are)	there.	너희들은 거기에 가 있을 것이다.
8	They	(will are, will be)	there.	그들은 거기에 가 있을 것이다.

9	I	(am going to run, is going to run).	나는 달릴 것이다.
10	You	(are going to run, is going to run).	너는 달릴 것이다.
11	He	(is going to run, am going to run).	그는 달릴 것이다.
12	She	(are going to run, is going to run).	그녀는 달릴 것이다.
13	Tom	(is going to run, are going to run).	톰은 달릴 것이다.
14	We	(am going to run, are going to run).	우리는 달릴 것이다.
15	You	(are going to run, is going to run).	너희들은 달릴 것이다.
16	They	(are going to run, am going to run).	그들은 달릴 것이다.

● there 거기에

B 괄호 안에서 알맞은 것을 골라 보세요.

1 The man (close, closes) the door.

2 Tom and Jerry will (play, plays) baseball.

3 He (brush, brushes) his teeth.

4 She is going to (wears, wear) this evening dress.

5 I will (see, sees) him again.

6 My brother (lives, live) in Washington.

7 He and she will (are, be) 15 years old next year.

8 Your uncle is going to (meet, meets) Ann.

9 They are going to (learn, learns) how to skate.

10 We (hate, hates) that dog.

● close 닫다 ● again 다시 ● Washington 워싱턴 ● next year 내년 ● uncle 삼촌
● learn 배우다 ● hate 싫어하다

 A 다음 ( ) 안에서 주어진 동사를 알맞은 형태로 바꿔 써 보세요.

1 It is going to   be   snowy. (be)

2 I will _____ on a subway. (get)

3 They _____ to COEX. (go)

4 He is going to _____ basketball with his friend. (play)

5 We will _____ the zoo tomorrow. (visit)

6 She _____ some birds. (keep)

7 He is going to _____ music. (learn)

8 I will _____ at home. (be)

9 Tom _____ my computer. (use)

10 They are going to _____ a doctor. (see)

 ● snowy 눈이 오는   ● subway 지하철   ● basketball 농구   ● keep (동물, 새 등을) 기르다
● see a doctor 진찰 받다

B 다음 주어진 문장을 같은 뜻의 문장으로 바꿔 보세요.

1 He is going to work for the bank.

  ⇨ He *will* *work* for the bank.

2 Mr. Kim will teach us math.

  ⇨ Mr. Kim ⬚ ⬚ ⬚ ⬚ us math.

3 She is going to call Tom.

  ⇨ She ⬚ ⬚ Tom.

4 We will look for your dog.

  ⇨ We ⬚ ⬚ ⬚ ⬚ for your dog.

5 He is going to travel in Asia.

  ⇨ He ⬚ ⬚ in Asia.

6 I am going to pay for it.

  ⇨ I ⬚ ⬚ for it.

7 Jim will cut the tree with us.

  ⇨ Jim ⬚ ⬚ ⬚ the tree with us.

8 She will put on her hat.

  ⇨ She ⬚ ⬚ ⬚ on her hat.

9 My parents are going to build a new house.

  ⇨ My parents ⬚ ⬚ a new house.

10 They will talk to her.

  ⇨ They ⬚ ⬚ ⬚ ⬚ to her.

● look for ~을 찾다   ● travel 여행하다   ● Asia 아시아   ● pay 지불하다
● put on ~을 쓰다   ● build 짓다

 A 주어진 문장의 부정문과 의문문을 만들어 보세요.

긍정문	부정문
1 He will take care of his son.	He _won't_ _take_ care of his son.
2 I will follow him.	I _____ _____ him.
3 Mary will play the piano.	Mary _____ _____ the piano.
4 Jim will catch a rabbit.	I _____ _____ a rabbit.
5 My dad will buy his suit.	My dad _____ _____ his suit.

긍정문	의문문
6 You will ski today.	_____ _____ _____ today?
7 He will sell his computer.	_____ _____ _____ his computer?
8 She will make a cake.	_____ _____ _____ a cake?
9 You will send a letter.	_____ _____ _____ a letter?
10 Peter will drive a truck.	_____ _____ _____ a truck?

● **follow** 따르다 ● **catch** 잡다 ● **rabbit** 토끼 ● **suit** 정장 ● **make** 만들다
● **send** 보내다 ● **letter** 편지

B 주어진 문장의 부정문과 의문문을 만들어 보세요.

긍정문	부정문
1 He is going to cook dinner.	He *isn't going to cook* dinner.
2 I am going to fix my car.	I _____ my car.
3 It is going to rain soon.	It _____ soon.
4 They are going to move to China.	They _____ to China.
5 We are going to eat out.	We _____ out.

긍정문	의문문
6 You are going to ski.	_____ ?
7 He is going to sleep.	_____ ?
8 She is going to iron her skirt.	_____ her skirt?
9 They are going to play tennis.	_____ tennis?
10 Sam is going to have dinner.	_____ dinner?

● **dinner** 저녁식사 ● **fix** 고치다 ● **move** 이사하다 ● **China** 중국 ● **eat out** 외식하다
● **iron** 다림질하다

 A 주어진 문장을 지시대로 바꿔 보세요.

1	She will eat lunch.	부정문 _She won't eat_ lunch.
2	He will visit me tomorrow.	의문문 _____ me tomorrow?
3	You will talk about it.	의문문 _____ about it?
4	I will order this.	부정문 _____ this.
5	The boy will chat with you.	부정문 _____ with you.
6	They are going to ski.	부정문 _____ .
7	You are going to take a walk.	의문문 _____ a walk?
8	She is going to make tea.	의문문 _____ tea?
9	Mom is going to do yoga.	부정문 _____ yoga.
10	We are going to stay there.	부정문 _____ there.

 ● tomorrow 내일　● take a walk 산책하다　● do yoga 요가를 하다　● stay 머물다
● there 거기

B 주어진 물음에 알맞게 대답을 완성해 보세요.

의문문	대답
1 Will he fold the clothes?	Yes, _he will_ .
2 Are they going to do the laundry?	No, _____ .
3 Will you(너는) come to my house?	Yes, _____ .
4 Will the concert end at 10?	No, _____ .
5 Is Ann going to check the answer?	Yes, _____ .
6 Are you(너희들은) going to be here?	No, _____ .
7 Is he going to turn off the light?	Yes, _____ .
8 Is she going to take a test?	No, _____ .
9 Will they wait for me?	No, _____ .
10 Will she watch TV tonight?	Yes, _____ .

●fold 접다 ●clothes 옷 ●do the laundry 빨래하다 ●end 끝나다 ●check 점검하다
●answer 답 ●turn off 끄다 ●light 불, 전등 ●take a test 시험을 치르다
●wait for 기다리다 ●tonight 오늘밤

Take a break

요일의 유래

> 월, 화, 수, 목, 금, 토, 일의 7요일은 고대 유럽인들의 세계관이 반영된 서양의 전통입니다.
> 이런 요일 명칭은 어디에서 유래되었을까요?

Sunday : sun's day

일요일(Sunday)은 고대 영어의 **day of sun**에서 유래되었다. 즉, 해(日)를 위한 날이다.

Monday : moon's day

월요일(Monday)은 고대 영어의 **day of moon**에서 유래되었다. 달(月)을 위한 날이다.

Tuesday : Tiw's day

화요일(Tuesday)은 북유럽 신화에서 전쟁의 신인 **Tyr**에서 유래했다. 고대 영어에서 **Tiw**로 표기한 것이 변한 것이다. 그런데 로마 신화에서 전쟁의 신은 '마르스(Mars)'이고, 영어에서 마르스(Mars)는 '화성(火星)'을 뜻한다. 이런 까닭으로 火요일이 된 것이다.

Wednesday : wodin's day

수요일(Wednesday)은 북유럽 신화에서 지식, 문화, 시와 노래, 전쟁을 주재하는 **Wodin**에게 바쳐진 날에서 유래했다.

Thursday : Thor's day

목요일(Thursday)은 북유럽 신화에서 천둥, 벼락의 신인 **Thor**에서 유래했다. 그런데 로마 신화에서 벼락을 갖는 신은 유피테르(Jupiter; 영어명은 쥬피터)이며, **Jupiter**는 목성이다. 이런 까닭으로 木요일이 된 것이다.

Friday : Freo's day

금요일(Friday)은 북유럽 신화에서 사랑의 신인 **Freo**에서 유래했다. 그런데 로마 신화에서 사랑의 신은 베누스(Venus; 영어명은 비너스)이며, **Venus**는 '금성'을 뜻하므로 金요일이 된 것이다.

Saturday : the day of Saturn

토요일(Saturday)은 로마 신화에서 농업의 신 사투르누스(Saturnus; 영어명은 새턴 Saturn)에서 유래했다. **Saturn**은 '토성'을 뜻하므로 土요일이 된 것이다.

Unit **10**

과거형

과거형이란 지나간 일을 나타낼 때
사용하는 동사의 형태로 우리말로는
'~이었다, ~했다' 라고 해석합니다.

Unit 10

과거형

과거형이란? 지나간 일을 나타낼 때 사용하는 문장의 형태를 말합니다.
우리말로는 '～이었다, ～했다'입니다.

✚ be동사의 과거형

am, is는 was로, are는 were로 바꾸면 됩니다.
ex. I am a doctor. 나는 의사이다.
  → I **was** a doctor. 나는 의사이었다.

① be동사의 과거형 문장의 부정문

was/were 뒤에 **not**을 붙입니다.
ex. I was a doctor.
  → I **was not** a doctor. 나는 의사가 아니었다.

② be동사의 과거형 문장의 의문문

주어와 was/were의 위치를 바꾸고 문장 뒤에 물음표(?)를 붙입니다.
ex. You were a doctor.
  → **Were** you a doctor? 너는 의사였니?

③ be동사의 과거형 문장의 의문문의 대답

Yes나 No로 대답하고 was나 were를 사용하면 됩니다.
ex. **Were** you a doctor?
  긍정 – Yes, I **was**. 네. 그랬어요
  부정 – No, I **wasn't**. 아니오, 그렇지 않았어요.

Warm Up

A 주어진 문장의 동사를 형광펜으로 칠하고 현재형인지 과거형인지 알맞은 것에 ○표 한 다음, 우리말을 골라 보세요.

1 These **are** fresh tomatoes. (현재형, 과거형)
이것들은 신선한 토마토들. (이다, 이었다)

These **were** fresh tomatoes. (현재형, 과거형)
이것들은 신선한 토마토들. (이다, 이었다)

2 They were late for the meeting. (현재형, 과거형)
그들은 그 회의에 (늦는다, 늦었다)

They are late for the meeting. (현재형, 과거형)
그들은 그 회의에 (늦는다, 늦었다)

3 The woman was beautiful. (현재형, 과거형)
그 여자는 (아름답다, 아름다웠다)

The woman is beautiful. (현재형, 과거형)
그 여자는 (아름답다, 아름다웠다)

4 My sister is at the toy shop. (현재형, 과거형)
나의 여동생은 장난감 가게에 (있다, 있었다)

My sister was at the toy shop. (현재형, 과거형)
나의 여동생은 장난감 가게에 (있다, 있었다)

5 I was a singer. (현재형, 과거형)
나는 가수 (이다, 이었다)

I am a singer. (현재형, 과거형)
나는 가수 (이다, 이었다)

● **meeting** 회의 ● **toy shop** 장난감 가게 ● **busy** 바쁜

B 다음 ( ) 안에서 알맞은 것을 골라 보세요.

1

I	(was, were) happy.	나는 행복했다.
You	(was, were) happy.	너는 행복했다.
He	(was, were) happy.	그는 행복했다.
She	(was, were) happy.	그녀는 행복했다.
Tom	(was, were) happy.	톰은 행복했다.
We	(was, were) happy.	우리는 행복했다.
You	(was, were) happy.	너희들은 행복했다.
They	(was, were) happy.	그들은 행복했다.

2

I	(was, were) tired.	나는 피곤했다.
You	(was, were) tired.	너는 피곤했다.
He	(was, were) tired.	그는 피곤했다.
She	(was, were) tired.	그녀는 피곤했다.
Tom	(was, were) tired.	톰은 피곤했다.
We	(was, were) tired.	우리는 피곤했다.
You	(was, were) tired.	너희들은 피곤했다.
They	(was, were) tired.	그들은 피곤했다.

C 다음 ( ) 안에서 알맞은 것을 골라 보세요.

1

He (was, were) fat.   그는 뚱뚱했었다.

I (was, were) fat.   나는 뚱뚱했었다.

They (was, were) fat.   그들은 뚱뚱했었다.

The boy (was, were) fat.   그 소년은 뚱뚱했었다.

The boys (was, were) fat.   그 소년들은 뚱뚱했었다.

We (was, were) fat.   우리는 뚱뚱했었다.

She (was, were) fat.   그녀는 뚱뚱했었다.

You (was, were) fat.   너는 뚱뚱했었다.

2

You (was, were) wise.   너희들은 현명했다.

The girl (was, were) wise.   그 소녀는 현명했다.

She (was, were) wise.   그녀는 현명했다.

Tom and Judy (was, were) wise.   Tom 과 Judy는 현명했다.

We (was, were) wise.   우리들은 현명했다.

He (was, were) wise.   그는 현명했다.

I (was, were) wise.   나는 현명했다.

They (was, were) wise.   그들은 현명했다.

 A 다음 ( ) 안에서 알맞은 것을 골라 O표 해 보세요.

1   The oranges (was, were) sweet.

2   They (was, were) strong.

3   The girl (was, were) slim.

4   My sisters (was, were) at the hair shop.

5   The last lesson (was, were) interesting.

6   There (was, were) many trees in this park.

7   The students (was, were) good.

8   His grandfather (was, were) rich.

9   The movie (was, were) wonderful.

10 Joan (was, were) an old friend.

 ● **strong** 강한 ● **slim** 날씬한 ● **hair shop** 미장원 ● **last** 마지막 ● **interesting** 흥미로운
● **park** 공원 ● **good** 좋은 ● **rich** 부자인 ● **movie** 영화 ● **wonderful** 놀라운

B 다음 빈칸에 was와 were 중 알맞은 것을 써 보세요.

1 I _____was_____ happy.

2 My brothers _____ in the library.

3 He _____ my best friend.

4 Mr. Lee _____ a teacher then.

5 Jane _____ very small in the first grade.

6 They _____ sad yesterday.

7 It _____ a cold day.

8 You _____ pretty last night.

9 Paul and Rosa _____ glad.

10 We _____ 10 years old last year.

● library 도서관 ● best 가장 좋은 ● the first grade 1학년 ● sad 슬픈 ● cold 추운
● glad 즐거운 ● last year 작년

A 주어진 문장의 부정문과 의문문을 만들어 보세요.

긍정문	부정문
1 I was sick then.	I ___*was*___ ___*not*___ sick then.
2 She was happy.	She _____ _____ happy.
3 Mary was a model.	Mary _____ _____ a model.
4 They were in my room.	They _____ _____ in my room.
5 We were angry.	We _____ _____ angry.

긍정문	의문문
6 You were free yesterday.	_____ _____ free yesterday?
7 The babies were hungry.	_____ _____ hungry?
8 It was Tom's bike.	_____ _____ Tom's bike?
9 The pigs were in his farm.	_____ _____ in his farm?
10 The team was the best.	_____ _____ the best?

● model 모델 ● angry 화난 ● hungry 배고픈 ● bike 자전거 ● farm 농장 ● team 팀

B 주어진 물음에 알맞게 대답을 완성해 보세요.

의문문	대답
1 Was he sad?	Yes, _he was_ .
2 Were these nice buildings?	Yes, _____ .
3 Was he a reporter last year?	No, _____ .
4 Were the apples fresh?	Yes, _____ .
5 Was Jane a police officer?	No, _____ .
6 Was she your new friend?	No, _____ .
7 Were you(너는) cold at the party?	Yes, _____ .
8 Was Tommy ill last week?	No, _____ .
9 Was your coffee strong?	Yes, _____ .
10 Were they in his office?	No, _____ .

● building 건물 ● fresh 신선한 ● police officer 경찰관 ● last year 작년
● last week 지난 주 ● cold 추운, 차가운 ● office 사무실

2 일반동사의 과거형

주어에 관계없이 일반 동사의 과거형을 써 주면 됩니다.

ex. I study English everyday.　나는 매일 영어를 공부한다.
　　 I **studied** English last night.　나는 어젯밤 영어를 공부했다.

3 일반동사의 과거형 만들기

1 규칙 변화 동사

동사의 형태	고치는 방법	완성의 예
일반 규칙 변화 동사	+ed	work - work**ed**
e로 끝나는 동사	+d	live - live**d**
'자음 + y'로 끝나는 동사	y → ied	study - stud**ied**
'단모음 + 단자음'으로 끝나는 동사	+ 마지막 자음 + ed	stop - stop**ped** drop - drop**ped**

2 불규칙 변화 동사

형태	현재형 – 과거형	
동사원형 ≠ 과거형	do 하다 – **did** come 오다 – **came** sit 앉다 – **sat** see 보다 – **saw** sleep 자다 – **slept** drive 운전하다 – **drove** swim 수영하다 – **swam** take 취하다 – **took** make 만들다 – **made**	go 가다 – **went** run 달리다 – **ran** eat 먹다 – **ate** meet 만나다 – **met** give 주다 – **gave** drink 마시다 – **drank** write 쓰다 – **wrote** have 가지다 – **had** tell 말하다 – **told**
동사원형 = 과거형	cut 자르다 – **cut**　put 놓다 – **put**　read 읽다 – **read**	

 **짚고 가요!**　불규칙 변화 동사를 책을 보며 큰 소리로 다섯 번 읽고, 과거형을 손으로 가리고 5번 읽어 보세요. 저절로 외어집니다. ○○○○○ ○○○○○

1 **일반 동사의 과거형의 부정문**

주어의 인칭과 수에 관계없이 모두 동사원형 앞에 **didn't**를 써 주면 됩니다.

ex. **She had dinner.**
→ She **didn't** have dinner. 그녀는 저녁식사를 하지 않았다.

2 **일반 동사의 과거형의 의문문**

주어의 인칭과 수에 관계없이 **did**를 주어 앞에 써주고 뒤에 동사원형이 오고 문장 뒤에 물음표(?)를 붙이면 됩니다.

ex. **She had dinner.**
→ **Did she** have dinner? 그녀는 저녁식사를 했니?

3 **일반 동사의 과거형 의문문의 대답**

Yes나 No로 대답하고 동사는 주어의 인칭과 수에 관계없이 did를 이용하면 됩니다.

ex. **Did she have dinner?**
긍정 – **Yes, she did.** 네. 그래요.
부정 – **No, she didn't.** 아니오. 그렇지 않아요.

4 **때를 나타내는 부사(구)**

문장 뒤에 때를 나타내는 부사(구)가 함께 올 경우
동사의 형태에 주의하여야 합니다.

ex. **I worked yesterday.**
나는 어제 일했다.

~~I worked now.~~
나는 지금 일했다.

He met Jane last night.
그는 어젯밤 Jane을 만났다. ~~**He meets Jane last night.**~~
그는 어젯밤 Jane을 만난다.

 다음 (   ) 안에서 알맞은 것을 골라 보세요.

1

I	(watch, <u>watched</u>)	TV then.	나는 그 때 TV를 보았다.
You	(watch, watched)	TV then.	너는 그 때 TV를 보았다.
He	(watches, watched)	TV then.	그는 그 때 TV를 보았다.
She	(watches, watched)	TV then.	그녀는그 때 TV를 보았다.
Tom	(watch, watched)	TV then.	톰은 그 때 TV를 보았다.
We	(watch, watched)	TV then.	우리들은 그 때 TV를 보았다.
You	(watch, watched)	TV then.	너희들은그 때 TV를 보았다.
They	(watch, watched)	TV then.	그들은 그 때 TV를 보았다.

2

I	(reads, read)	some books.	나는 몇 권의 책을 읽었다.
You	(read, reads)	some books.	너는 몇 권의 책을 읽었다.
He	(read, reads)	some books.	그는 몇 권의 책을 읽었다.
She	(reads, read)	some books.	그녀는 몇 권의 책을 읽었다.
Tom	(read, reads)	some books.	톰은 몇 권의 책을 읽었다.
We	(reads, read)	some books.	우리들은 몇 권의 책을 읽었다.
You	(read, reads)	some books.	너희들은 몇 권의 책을 읽었다.
They	(reads, read)	some books.	그들은 몇 권의 책을 읽었다.

B 다음 동사를 규칙에 따라 과거형으로 바꿔 보세요.

1 work + ed =   *worked*   2 learn + ed =

3 call + ed =   4 look + ed =

5 turn + ed =   6 walk + ed =

7 live + d =   8 like + d =

9 love + d =   10 erase + d =

11 play + ed =   12 stay + ed =

13 study + ied =   14 fry + ied =

15 cry + ied =   16 try + ied =

17 stop+p+ed =   18 drop+p+ed =

19 chat+t+ed =   20 tap +p+ed =

A 형광펜으로 마지막 철자 부분을 색칠해 보고 ( ) 안에서 동사의 과거형을 골라 보세요.

1 jump (jumped, jumpped)   2 look   (lookied, looked)

3 call   (called, callied)   4 like   (likeed, liked)

5 hate   (hated, hatted)   6 live   (lived, livved)

7 love   (loveed, loved)   8 play   (played, plaied)

9 pray   (praied, prayed)   10 stay   (stayed, staied)

11 study (studyed, studied)   12 carry (carried, carryed)

13 cry   (cried, cryed)   14 try   (tryed, tried)

15 fry   (fryed, fried)   16 marry (marryed, married)

17 stop   (stopped, stoped)   18 drop   (droped, dropped)

19 kiss   (kissed, kissd)   20 pass   (passied, passed)

●hate 싫어하다 ●pray 기도하다 ●carry 나르다 ●cry 울다 ●try 시도하다
●marry 결혼하다 ●drop 떨어뜨리다 ●pass 건네다

B 다음 주어진 동사의 과거형을 써 보세요.

1 help   *helped*   2 walk

3 push   4 fry

5 cry   6 move

7 dance   8 carry

9 work   10 chat

11 wash   12 try

13 bake   14 look

15 stop   16 study

17 love   18 start

19 carry   20 jump

● push 밀다   ● fry 후라이하다, 튀기다   ● bake 굽다

C 다음 주어진 동사의 과거형을 써 보세요.

1	sit	*sat*	2	write	
3	read		4	run	
5	have		6	take	
7	swim		8	come	
9	eat		10	make	
11	cut		12	drive	
13	drink		14	sleep	
15	see		16	give	
17	meet		18	go	
19	put		20	do	

● sit 앉다 ● see 보다 ● give 주다 ● put 놓다,두다 ● do 하다

D 다음 주어진 동사의 과거형을 써 보세요.

1 do   *did*   2 drink

3 give   4 eat

5 sleep   6 meet

7 go   8 cut

9 run   10 see

11 drive   12 come

13 write   14 have

15 put   16 read

17 take   18 swim

19 make   20 sit

 ● meet 만나다 ● have 가지다, 먹다 ● make 만들다

A 다음 ( ) 안에서 알맞은 것을 골라 보세요.

1 My mom (cooks, (cooked)) in the kitchen yesterday.
어제

2 I (met, meet, will meet) Jane tomorrow.
내일

3 She (eat, ate) breakfast this morning.
오늘 아침

4 Brandon (reads, read) a book last night.
지난 밤

5 The boy (drinks, drank) some juice yesterday.
어제

6 A pig (swam, will swim) in the river then.
그때

7 I (wrote, will write) a letter tomorrow.
내일

8 He (sit, sat) beside me at the meeting last week.
지난 주

9 Mom (went, will go) shopping next week.
다음 주

10 I (play, played, will play) the cello in her concert next week.
다음 주

● kitchen 부엌 ● yesterday 어제 ● breakfast 아침식사 ● letter 편지 ● tomorrow 내일
● beside ~옆에 ● meeting 회의 ● go shopping 쇼핑가다 ● cello 첼로

B 다음 (   ) 안에 주어진 동사를 알맞은 형태로 빈칸에 써 보세요.

1 I ___liked___ her then. (like)
그때

2 The baby _____ well last night. (sleep)
지난 밤

3 They _____ baseball next Sunday. (play)
다음 일요일

4 It _____ very hard last summer. (rain)
지난 여름

5 She _____ on the hat tomorrow morning. (put)
내일 아침

6 He _____ a kite tomorrow. (make)
내일

7 We _____ in France three years ago. (live)
3년 전에

8 The girls _____ together yesterday. (talk)
어제

9 Her mom _____ me about it yesterday. (tell)
어제

10 Jenny _____ back home last night. (come)
지난 밤

● glass 유리잔 ● want 원하다 ● last summer 지난 여름 ● put on ~을 신다(입다, 쓰다)
● socks 양말 ● France 프랑스 ● three years ago 3년 전에 ● about ~에 관하여

A 주어진 문장의 부정문과 의문문을 만들어 보세요.

긍정문	부정문
1 I walked around the lake.	I ___didn't___ ___walk___ around the lake.
2 Christie studied history.	Christie _____ _____ history.
3 She stopped to call Jane.	She _____ _____ to call Jane.
4 We ran to the park.	We _____ _____ to the park.
5 He gave her a candy.	He _____ _____ her a candy.

긍정문	의문문
6 You drove a bus.	_____ _____ _____ a bus?
7 The girl cut her finger.	_____ _____ _____ her finger?
8 The cat cried like a baby.	_____ _____ _____ like a baby?
9 My son drank a lot of milk.	_____ _____ _____ a lot of milk?
10 They skated on the ice.	_____ _____ _____ on the ice?

● around 주위에　● lake 호수　● history 역사　● finger 손가락　● like ~처럼　● ice 얼음

정답 및 해설 p.16

B 주어진 문장을 지시대로 바꿔 보세요.

1	Dad moved my computer.	부정문 _Dad didn't move_ my computer.
2	They walked to school.	의문문 _____ to school?
3	Kate had a big bag.	부정문 _____ a big bag.
4	Her mom visited her school.	부정문 _____ her school.
5	Jenny ate breakfast.	의문문 _____ breakfast?
6	Tim carried his desk.	부정문 _____ his desk.
7	She took a nap.	의문문 _____ a nap?
8	I saw him in the library.	부정문 _____ him in the library.
9	He dropped his pen.	의문문 _____ his pen?
10	You went to hospital.	의문문 _____ to hospital?

 ●a diary 일기 ●breakfast 아침식사 ●take a nap 낮잠을 자다 ●drop 떨어지다

Unit 10 161

 C 주어진 물음에 알맞게 대답을 완성해 보세요.

의문문	대답
1 Did they take a medicine?	Yes, _they did_ .
2 Did she cook dinner?	Yes, _____ .
3 Did your son live in Seoul?	No, _____ .
4 Did Mr. Kim work for the bank?	Yes, _____ .
5 Did you(너는) have a good time?	No, _____ .
6 Did Jane move to Seoul?	No, _____ .
7 Did he take off his cap?	Yes, _____ .
8 Did you(너희들은) walk slowly?	No, _____ .
9 Did Tom love Jane?	Yes, _____ .
10 Did your mother kiss you?	No, _____ .

 ● take a medicine 약을 먹다   ● live 살다   ● work for 근무하다   ● bank 은행
● have a good time 좋은 시간을 보내다   ● take off 벗다   ● slowly 느리게

D 주어진 문장의 동사를 형광펜으로 칠하고 부정문과 의문문을 만들어 보세요.

긍정문	부정문
1 My sister slept well.	*My sister didn't sleep well.*
2 She was at home.	
3 The kid played with a ball.	
4 We were angry.	
5 The students learned music.	

긍정문	의문문
6 He fried an egg.	
7 Tom drank a cup of water.	
8 They were hungry then.	
9 The girl saw a horse.	
10 Mom was diligent.	

● angry 화가 난 ● fry (기름에) 부치다 ● drink 마시다 ● a cup of ~한 잔의
● hungry 배고픈 ● horse 말 ● diligent 부지런한

01 주어진 문장을 명령문과 제안문으로 바꿔 보세요.

1. You write your name. (명령문) name 이름

⇨

2. We play cards. (제안문)

⇨

3. You are kind to kids. (명령문) kid 아이

⇨

4. You open your book. (명령문)

⇨

5. We have dinner with Bill. (제안문)

⇨

02 주어진 문장을 부정문으로 만들어 보세요.

1. Let's go to COEX.

⇨

2. Close your eyes.

⇨

3. Stop running.

⇨

4. Let's make a big pizza.

⇨

5. Speak in English.

⇨

03 다음 ( ) 안에서 알맞은 것을 골라 O표 해 보세요.

1. (What, How) a sweet apple this is!

2. (What, How) kind he is!

3. (What, How) a large house it is!

4. (What, How) a poor dog that is!

5. (What, How) exciting the game is! exciting 흥미진진한

04 주어진 문장을 감탄문으로 바꿔 보세요.

1. They are very rich. rich 부자의
⇨

2. The movie is very sad.
⇨

3. He is a very cute baby.
⇨

4. This cake is very delicious. delicious 맛있는
⇨

5. She is a very lovely girl. lovely 사랑스러운
⇨

01 우리말에 맞게 주어진 단어를 알맞은 형태로 바꿔 보세요.

1. The man _____ across the street. (run)

그 남자는 길을 가로질러 달린다.

2. He _____ the fan. (fix)

그는 그 선풍기를 고칠 수 있다.

3. The boy _____ there without you. (go) without ~없이

그 소년은 너 없이 거기에 갈 수 있다.

4. She _____ Korean. (learn) Korean 한국어

그녀는 한국어를 배운다

5. Jim _____ the cello. (play)

Jim은 첼로를 연주할 수 있다.

02 주어진 문장을 지시대로 바꿔 보세요.

1. Bob can write a novel. novel 소설

의문문 _____

2. I can make a new friend.

부정문 _____

3. They can listen to the news. news 뉴스

부정문 _____

4. She can learn yoga from a video. yoga 요가

의문문 _____

5. He can teach music.

부정문 _____

03 주어진 문장을 지시대로 바꿔 보세요.

1. You can finish your work by 6.

의문문

2. He can leave for Paris.

부정문

3. She can cook rice.

의문문

4. The old man can walk.

부정문

5. They can be here.

부정문

04 주어진 물음에 알맞게 대답을 완성해 보세요.

1. Can you(너희들은) understand it?

⇨ No,

2. Can she ride a horse?

⇨ Yes,

3. Can they bake cookies?

⇨ No,

4. Can a hen fly?

⇨ No,

5. Can he ski on the mountain?

⇨ Yes,

01 주어진 문장과 같은 문장을 만들어 보세요.

1. I will visit the zoo tomorrow.

=

2. We are going to make a robot.

=

3. They will take a taxi.

=

4. We are going to play baseball.

=

5. He will buy the book.

=

02 주어진 문장을 지시대로 바꿔 보세요.

1. He will invite his friend. invite 초대하다

의문문

2. I will buy a puppy. puppy 강아지

부정문

3. We will catch a rabbit. catch 잡다 rabbit 토끼

부정문

4. They are going to meet their teacher.

의문문

5. She is going to call Jane.

부정문

03 주어진 문장을 지시대로 바꿔 보세요.

1. Bill is going to clean his room.

부정문

2. Mom is going to bring a shirt. bring 가져오다

의문문

3. The girls are going to dance.

의문문

4. You will help your mother.

의문문

5. He will wait for his brother.

부정문

04 주어진 물음에 알맞게 대답을 완성해 보세요.

1. Are you(너는) going to take a test? take a test 시험을 보다

⇨ No,

2. Is she going to check e-mails?

⇨ No,

3. Will he watch his dog?

⇨ Yes,

4. Will you(너희들은) have lunch with Jack?

⇨ No,

5. Are they going to leave here?

⇨ Yes,

01 주어진 문장을 과거형 문장으로 바꿔 보세요.

1. I am bored. bored 지루한

⇨

2. We are happy.

⇨

3. Tom studies science.

⇨

4. We run into the building. building 건물

⇨

5. She eat some snack. snack 간식

⇨

02 주어진 문장을 부정문으로 만들어 보세요.

1. My parents were busy yesterday.

⇨

2. He was in his room.

⇨

3. Jane gave him a pen.

⇨

4. I drank a lot of water. a lot of 많은

⇨

5. She liked Tom a lot. a lot 많이

⇨

03 주어진 문장을 의문문으로 만들어 보세요.

1. She was a doctor then.
⇨

2. Tom and Bill were good friends.
⇨

3. He stopped smoking. smoking 흡연
⇨

4. Jane sat on the bench.
⇨

5. They played Taekwondo. Taekwondo 태권도
⇨

04 주어진 물음에 알맞게 대답을 완성해 보세요.

1. Were you(너는) free? free 한가한
⇨ No,

2. Was he handsome? handsome 잘생긴
⇨ Yes,

3. Did they sleep outside? outside 밖에서
⇨ No,

4. Did Bill love Ann?
⇨ No,

5. Did she hate tests? hate 싫어하다
⇨ Yes,

Take a break

미국인들이 가장 많이 즐기는 스포츠, 미식축구

미국에서 스포츠의 인기는 대단합니다. 우리나라의 박찬호 선수가 활약하고 있는 메이저리그(MLB), 마이클 조던과 레리 존스로 많이 알려진 NBA, 웨인 그레츠키라는 불세출의 스타를 배출해 낸 북미 아이스하키 리그(NL), 그리고 가장 인기가 많은 NFL이 있습니다. NFL은 하인즈 워드로 인해서 슈퍼볼로 우리에게도 많이 익숙합니다.

최초의 프로팀
최초의 프로 팀은 대학 팀보다 몇 년 늦게 탄생되었으며, 펜실베니아의 조그만 읍에서 라트로베, 자네트, 그린스 버그 등 3개 팀이 탄생되었다.

NFL의 발전
1922년 내셔널 풋볼 리그(National Football League) 창설
1959년 아메리칸 풋볼 리그(American Football League) 창설
1966년 내셔널 풋볼리그와 아메리칸 풋볼 리그가 NFL로 통합
그 후, NFL은 아메리칸 풋볼 컨퍼런스(American Football Conference)와 내셔널 풋볼 컨퍼런스(National Football Conference)로 양분되어 있다. 각 컨퍼런스는 동, 중, 서부의 3개 지구로 나뉘어져 각각 14개의 팀을 가지고 있다.

경기 방식
대도시에 근거지를 두고 있는 각 프로팀들은 홈 앤드 어웨이(Home and Away) 경기 방식으로 경기를 벌인다. 매년 9월부터 12월까지 정규 리그 15게임을 벌여 각 컨퍼런스의 우승자를 가리며, 우승팀끼리 결승전인 슈퍼볼(Super Bowl)은 다음 해 1월에 한판 승부로 결정을 내게 된다.

1·2회

종합문제

Unit에서 배운 모든 내용을
다양한 유형의 문제를 통해서
최종 점검합니다.

01 다음 문장 중 바르지 <u>않은</u> 것은?

① There are two hats in the room.
② There are a cup on the table.
③ There are three books on the desk.

02 다음 중 동사와 −ing형이 바르지 <u>않은</u> 것은?

① play - playing
② live - liveing
③ stop - stopping

03 다음 빈칸에 알맞은 말은?

A : _____ reads this book?
B : Tom.

① Who
② What
③ How

04 다음 빈칸에 알맞지 <u>않은</u> 것은?

A : How many _____ do you have?
B : two.

① apples
② water
③ books

05 다음 밑줄 친 It의 쓰임이 나머지와 다른 하나는?

① It's rainy day.
② It's 2009.
③ It is a pen.

06 빈칸에 알맞은 단어는?

> Tom, please listen _____.

① careful
② care
③ carefully

careful 조심하는, 주의깊은

07 다음 중 전치사의 쓰임이 어색한 것은?

① She can skate in winter.
② Tom will see you at 3.
③ I can meet you in Monday.

08 다음 문장을 명령문으로 바꿔 보세요.

> You show me the picture.

⇨ _____

_____ .

09 틀린 곳을 바르게 고쳐 보세요.

> She can fixes her computer.

_____ ⇨ _____

10 다음 질문에 대한 알맞은 대답은?

> A : Will you go home?
> B : Yes, _____.

① I do.
② I will.
③ I am.

11 일반 동사의 과거형을 바르게 쓴 것이 아닌 것은?

① eat - eated
② give - gave
③ come - came

12 다음 문장을 의문문으로 바꿔 보세요.

> There are two birds on the tree.

⇨ _____

_____ .

13 우리말에 맞도록 빈칸에 알맞은 단어를 고르면?

> 나의 엄마는 지금 요리하고 계신다.
> → My mom _____ now.

① cooks

② cooked

③ is cooking

14 다음 중 올바른 문장을 고르면?

① What does you study?

② What are you study?

③ What do you study?

15 다음 문장 중 잘못된 부분은?

> How ① many ② girl ③ go
> ④ to ⑤ the beach?

beach 해변

16 다음 빈칸에 공통으로 들어갈 알맞은 단어는?

> • _____ is October.
> • _____ is my pen.
> • _____ is 3 o'clock.

① That

② Those

③ It

October 10월

17 다음 단어들의 관계가 같도록 빈칸에 알맞은 말을 써 보세요.

> • *kind* : kindly
>
> • *nice* : _____

18 다음 중 올바르게 쓰인 문장은?

① My pen is <u>under</u> the table.
② I get up <u>at</u> the morning.
③ I swim <u>on</u> summer.

19 다음 문장을 부정 명령문으로 만들 때, Don't가 들어갈 위치로 알맞은 것은?

> ① Be ② late ③ for
> ④ school ⑤ .

20 주어진 문장을 감탄문으로 올바르게 바꾼 것은?

> She is a very kind girl.

① How a kind girl is she!
② How a kind girl she is!
③ What a kind girl she is!

21 다음 빈칸에 알맞은 접속사로 바르게 짝 지어진 것은?

> • James is kind_____handsome.
> • I can ski _____ I can't swim.

① and - but
② but - and
③ but - or

22 다음 중 바르게 쓰인 문장이 <u>아닌</u> 것은?

① The kid <u>can write</u>.

② My brother <u>will eats</u> lunch.

③ I <u>will do</u> that.

24 다음 대답에 대한 질문을 완성하기 위해 빈칸을 채워 보세요.

> A : _____ _____ tired?
>
> B : Yes, I was.

tired 피곤한

23 (　) 안의 단어를 변형 시켜 빈칸을 채우려고 할 때, 알맞은 형태로 바르게 짝 지어진 것은?

> • I _____ that book yesterday.(read)
>
> • Daniel _____ the movie two days ago. (see)

① readed - see

② read - saw

③ reads - saw

two days ago 이틀 전에

25 다음은 현재형을 현재진행형으로 바꾼 문장이다. 옳은 것은?

> Tommy and Jenny play the violin.

① Tommy and Jenny playing the violin.

② Tommy and Jenny is playing the violin.

③ Tommy and Jenny are playing the violin.

01 다음 질문에 대한 대답으로 알맞은 것은?

A : Is there a rabbit in the garden?

B : _____ .

① Yes, it is.
② Yes, there are.
③ Yes, there is.

rabbit 토끼 garden 정원

02 우리말과 같은 뜻이 되도록 빈칸에 알맞은 말을 써 보세요.

A : Is he busy now?
B : Yes, he _____ his office.
(그는 그의 사무실을 청소하는 중이야.)

⇨ _____

busy 바쁜 clean up청소하다

03 다음 빈칸에 들어갈 의문사로 알맞은 것은?

Tom : _____ do you live?
Jenny : I live in L.A.

① Who
② Where
③ When

04 다음 대화의 빈칸에 들어갈 알맞은 표현은?

Bill : _____ money do you have?
Anny : 1,000 won.

① How much
② How many
③ How long

money 돈

05 밑줄 친 부분의 쓰임이 나머지 둘과 <u>다른</u> 것은?

① <u>It</u> is seven o'clock.
② <u>It</u> is a little cat.
③ <u>It</u> is Thursday today.

Thursday 목요일

06 형용사와 부사를 바르게 짝지은 것이 <u>아닌</u> 것은?

① kind - kindly
② easy - easily
③ beautiful - beautifly

07 다음 빈칸에 알맞은 것은?

It is too hot. _____ play outside today.

① Be
② Not
③ Don't

outside 밖에

08 다음 빈칸에 알맞은 것은?

Danny : Can Judy play tennis?
Emma : _____

① Yes, she is.
② Yes, she does.
③ Yes, she can.

09 주어진 문장을 부정문으로 바꿔 보세요.

> I will help him.

⇨ _____ .

10 다음 중 바르게 쓰인 문장은?

① Why do you study English?
② Where she cooks?
③ How he make a chair?

11 틀린 곳을 바르게 고쳐 보세요.

> John didn't met his teacher.
> (John은 그의 선생님을 만나지 않았다.)

_____ ⇨ _____

12 다음 빈칸에 들어갈 말로 알맞은 것은?

> Tom speaks _____

① soft
② nice
③ kindly

13 밑줄 친 부분이 의미상 옳은 문장은?

① <u>Who</u> is he skiing?
② <u>When</u> do you leave?
③ <u>Who</u> are you doing?

ski 스키 타다

14 다음 중 바르게 쓰인 문장은?

① There are some milk in the cup.

② There is a dog by my bed.

③ There is two potatoes.

16 다음 대화를 읽고, 밑줄 친 부분을 내용에 맞게 고쳐 보세요.

> *Harry* : <u>What</u> do you go to church?
>
> *Micky* : By bus.

⇨ _____

15 다음 빈칸에 알맞은 말은?

> Jane is drying her hair
> _____ .

① yesterday

② three days ago

③ now

dry 머리를 말리다 three days ago 3일 전에

17 다음 중 올바르지 <u>않은</u> 문장은?

① How much milk is in the cup?

② How much water are in the glass?

③ How much cheese is on the dish?

18 다음 빈칸에 들어갈 질문으로 적절한 것은? (2가지)

> Lily : _____?
> Bruce : It is snowy today.

① How's the weather?
② What's the weather like?
③ What's the weather to?

19 다음 중 전치사가 <u>잘못</u> 쓰인 문장은?

① A mouse is <u>under</u> the table.
② A girl is swimming <u>on</u> the pool.
③ A boy is <u>behind</u> the tree.

20 다음 문장을 감탄문으로 바꿀 때 빈칸에 알맞은 말은?

> She is very cute.
> ⇨ _____ cute she is!

① What
② Why
③ How

21 다음 우리말을 영어로 바르게 옮긴 문장은?

> 그녀는 농구를 할 수 있다.

① She can plays basketball.
② She can play basketball.
③ She cans play basketball.

22 다음 문장의 **틀린** 곳을 찾아 바르게 고쳐 보세요.

> I will rides a horse tomorrow.

_____ ⇨ _____

tomorrow 내일

23 동사원형과 과거형이 바르게 짝지어진 것이 **아닌** 것은?

① feel - felt
② remember -remembered
③ write - writed

24 다음 빈칸에 들어갈 알맞은 말은?

> _____ sad story it is!

① What
② What a
③ How a

25 다음 문장을 현재 진행형으로 바르게 바꾼 것은?

> My uncle takes a bath.

① My uncle is take a bath.
② My uncle is taking a bath.
③ My uncle are taking a bath.

take a bath 목욕하다

MEMO

Grammar joy Start

Answer

2

01 There is~, There are~

Warm Up
p.14~15

A 1 is 2 is 3 are 4 are 5 is 6 is 7 are
8 are 9 is 10 are

해석² there is 다음에는 단수 명사가 오고, there are 다음에는 복수 명사가 옵니다.

B 1 ten melons 2 some Coke
3 three pencils 4 five trees 5 some water
6 a computer 7 some shirts 8 some butter
9 a ruler 10 six dishes

해석² there is 다음에는 단수명사와 셀 수 없는 명사가 오고, there are 다음에는 복수명사가 옵니다.

기초 다지기
p.16~17

A 1 are 2 is 3 is 4 is 5 are 6 are 7 are
8 is 9 are 10 is

해석² there is 다음에는 단수명사와 셀 수 없는 명사가 오고, there are 다음에는 복수명사가 옵니다.

B 1 There is 2 There is 3 There are
4 There is 5 There are 6 There is 7 There are
8 There are 9 There is 10 There are

해석² there is 다음에는 단수 명사가 오고, there are 다음에는 복수 명사가 옵니다.

꼭꼭 다지기
p.18~19

A 1 There isn't 2 There aren't 3 There aren't
4 There isn't 5 There isn't 6 Is there
7 Are there 8 Is there 9 Is there 10 Are there

해석² there is/are ~ 의 의문문은 there 와 is/are 의 자리를 바꾸고, 문장 뒤에 물음표(?)를 붙입니다. 부정문은 be동사 뒤에 not 만 붙여 주면 됩니다.

B 1 Is there a fish 2 There isn't oil
3 Is there a cello 4 There aren't 30 dancers
5 Are there two CDs 6 There isn't a lot of butter
7 There aren't my uncles
8 There isn't a man 9 Is there a fly
10 Are there ten airplanes

해석² there is/are~의 의문문은 there와 is/are의 자리를 바꾸고, 문장 뒤에 물음표(?)를 붙입니다. 부정문은 be동사 뒤에 not만 붙여 주면 됩니다.

실력 다지기
p.20~21

A 1 there are 2 there are 3 there isn't
4 there aren't 5 there isn't 6 there aren't
7 there are 8 there isn't 9 there are
10 there isn't

해석² 의문문은 Yes나 No로 대답합니다. 대답이 긍정이면 Yes, there is/are. 부정이면 No, there is/are not. 으로 대답해야 합니다.

B
1 There is a woman 2 There isn't a baby
3 There is some sugar 4 There are three cars
5 There isn't salt
6 There aren't many(a lot of) students
7 There are five tigers 8 There isn't a bookstore
9 There isn't a flower 10 There are two keys

해석² '~있다'는 'there is/are~' '~이 없다'는 'there isn't/aren't~'

 **현재진행형**

A 1 eating 2 singing 3 teaching
4 learning 5 buying 6 saying 7 crying
8 flying 9 driving 10 making 11 having
12 living 13 coming 14 writing 15 stopping
16 running 17 cutting 18 chatting 19 dying
20 lying

해설 대부분의 동사에는 -ing를 붙이고, e로 끝나는 동사는 e를 빼고
-ing, '단모음+단자음'으로 끝나는 동사는 마지막 자음을 한번 더 붙이
고 -ing, ie로 끝나는 동사는 ie를 y로 바꾼 후에 -ing를 써 줍니다.

B

1 D, going, learning, working, walking,
 teaching, eating
2 B, living, making, taking
3 C, cutting, running, sitting, hitting, setting,
 putting
4 A, lying, dying, tying

해설 대부분의 동사에는 -ing를 붙이고, e로 끝나는 동사는 e를 빼고
-ing, '단모음+단자음'으로 끝나는 동사는 마지막 자음을 한 번 더 붙이
고 -ing, ie로 끝나는 동사는 ie를 y로 바꾼 후에 -ing를 써 줍니다.

기초다지기 p.28~29

A 1 help/helping 2 eat/eating 3 sing/
singing 4 sleep/sleeping 5 live/living 6 drive/
driving 7 make/making 8 take/taking
9 write/writing 10 smile/smiling 11 carry/
carrying 12 buy/buying 13 dry/drying
14 study/studying 15 sit/sitting 16 cut/cutting
17 set/setting 18 drop/dropping 19 lie/lying
20 die/dying

해설 대부분의 동사에는 -ing를 붙이고, e로 끝나는 동사는 e를 빼고
-ing, '단모음+단자음'으로 끝나는 동사는 마지막 자음을 한번 더 붙이
고 -ing, ie로 끝나는 동사는 ie를 y로 바꾼 후에 -ing를 써 줍니다.

B 1 run/running 2 write/writing 3 lie/lying
4 drive/driving 5 swim/swimming 6 cut/
cutting 7 use/using 8 walk/walking 9 turn/
turning 10 study/studying 11 speak/speaking
12 eat/eating 13 close/closing 14 die/dying
15 carry/carrying 16 make/making 17 stop/
stopping 18 cry/crying 19 set/setting
20 have/having

해설 대부분의 동사에는 -ing를 붙이고, e로 끝나는 동사는 e를 빼고
-ing, '단모음+단자음'으로 끝나는 동사는 마지막 자음을 한번 더 붙이
고 -ing, ie로 끝나는 동사는 ie를 y로 바꾼 후에 -ing를 써 줍니다.

 꼭꼭다지기 p.30~33

A

1 am, dancing   2 are, dancing
3 is, dancing   4 is, dancing
5 is, dancing   6 are, dancing
7 are, dancing   8 are, dancing
9 am, working   10 are, working
11 is, working   12 is, working
13 is, working   14 are, working
15 are, working   16 are, working

해설 현재진행형 만드는 법 : be동사(am/are/is) + 동사원형-ing

B 1 are enjoying 2 is having 3 are helping
4 is driving 5 is doing 6 are taking 7 is cutting
8 is buying 9 are swimming 10 am eating

해설 현재진행형 만드는 법 : be동사(am/are/is) + 동사원형-ing

C

1 isn't jogging	2 isn't cleaning
3 aren't cooking	4 aren't walking
5 isn't waiting	6 Is he fixing
7 Are the boys sleeping	8 Is it snowing
9 Is she brushing	10 Are they coming

 현재진행형의 부정문은 be동사 뒤에 not만 붙이면 되고, 의문문은 주어와 be동사의 위치를 바꾸고 문장 맨 뒤에 물음표(?)를 붙이면 됩니다.

D

1 They aren't listening	2 Are you taking
3 The child isn't drinking	4 He isn't holding
5 Is it raining	6 I'm not learning
7 Are people resting	8 She and I aren't going
9 Is Mary setting	10 Are they talking

 현재진행형의 부정문은 be동사 뒤에 not만 붙이면 되고, 의문문은 주어와 be동사의 위치를 바꾸고 문장 맨 뒤에 물음표(?)를 붙이면 됩니다.

실력다지기 p.34~35

A

1 he is	2 you are	3 she isn't	4 she is
5 they aren't	6 she isn't	7 I am	8 he isn't
9 they are	10 it isn't		

 현재진행형 의문문의 대답은 be동사가 있는 의문문의 대답과 같습니다.

B

1 are making, aren't making, make, don't make
2 waxes, doesn't wax, is waxing, isn't waxing
3 is watching, isn't watching, watches, doesn't watch
4 hit, Do you hit, are hitting, Are you hitting
5 eats, Does she eat, is eating, Is she eating
6 is playing, Is a boy playing, plays, Does a boy play

 일반동사의 부정문은 don't 나 doesn't를 쓰고 현재진행형의 부정문은 be동사 뒤에 not만 붙이면 됩니다. 일반동사의 의문문은 do나 does를 주어 앞에 써주고 주어 뒤에 동사원형을 쓴다. 현재진행형의 의문문은 be동사가 주어 앞으로 옵니다.

03 의문사가 있는 의문문1

Warm Up p.40~41

A 1 Where 2 Who 3 Why 4 When 5 What
6 How 7 When 8 Who 9 Where 10 What

 의문문의 종류에는 who-누구(사람), what-무엇(사물), when-언제(시간), where-어디서(장소), why-왜(이유), how-어떻게(방법)가 있습니다.

B 1 Who 2 Where 3 What 4 What 5 Why
6 When 7 Where 8 When

 의문사는 문장 맨 앞에 위치하며, 종류에는 who-누구(사람), what-무엇(사물), when-언제(시간), where-어디서(장소), why-왜(이유), how-어떻게(방법)가 있습니다.

기초다지기 p.42~43

A

1 What, that, is, What, is that, What is that?
2 Why, you are tired, Why, are you tired?, Why are you tired?

 1,2는 '의문사+be동사'가 있는 의문문입니다.

B

1 Who, she is, Who, is she?, Who is she?
2 Where, Tom is, Where, is Tom?, Where is Tom?

 1,2는 '의문사+be동사'가 있는 의문문입니다.

꼭꼭다지기  p.44~47

A

1 Why, she keeps a dog, Why, does she keep a dog?, Why does she keep a dog?
2 How, you feel, How, do you feel?, How do you feel?

 1,2는 '의문사+일반동사'가 있는 의문문입니다.

B

1 Where, you live, Where, do you live?,
   Where do you live?
2 When, he does his homework, When,
   does he do his homework?,
   When does he do his homework?

 1,2는 '의문사+일반동사'가 있는 의문문입니다.

 C

1 What, he wants, What, does he want?,
   What does he want?
2 How, mom makes a doll,
   How, does mom make a doll?,
   How does mom make a doll?

 1,2는 '의문사+일반동사'가 있는 의문문입니다.

 D

1 Where, they study, Where, do they study?,
   Where do they study?
2 Why, you take a medicine, Why,
   do you take a medicine?,
    Why do you take a medicine?

 1,2는 '의문사+일반동사'가 있는 의문문입니다.

 실력 다지기   p.48~49

 A

1 Who(m), your dad calls, Who(m),
   does your dad call?, Who(m) does your dad call?
2 When, you work, When, do you work?,
   When do you work?

B

1 How, Bill knows him, How, does Bill know him?,
   How does Bill know him?
2 Where, the cat sleeps, Where,
   does the cat sleep?, Where does the cat sleep?

 Review Test 1   p.50~55

Unit 1

01
1 are   2 is   3 are   4 are   5 is
02
1 are   2 is   3 is   4 is   5 are
03
1 There is a mouse
2 There are three stories
3 There are a lot of students
4 There is some bread
5 There are two dogs
04
1 There isn't a house
2 Is there little water, there is
3 There isn't the bus stop
4 Are there two cars
5 Are there ten tables

Unit 2

01
1 He is taking a shower.
2 They are going to the flower shop.
3 She is walking into the building.
4 We are singing together.
5 I am having lunch.
02
1 studies   2 is working   3 am watching
4 plays   5 is making
03
1 They aren't dancing now.
2 Is she taking a rest?, she is.
3 Is he driving to the mall?, he isn't.
4 Are you learning art? I'm not.
5 Tom isn't dreaming a dream.
6 Jane isn't writing a letter.
7 Tom and Bill aren't playing soccer.
8 Is the bear dying now?, it is.

9. We aren't drawing pictures.
10 Are your friends carrying the chairs?, they aren't.

Unit 3

01
1 What 2 Where 3 Why 4 When 5 How

02
1 is Tom angry   2 is that woman   3 is Tom's job
4 are your dogs   5 is your dad

03
1 do they go home   2 does she drink coffee
3 does he go to bed   4 do you love him
5 do you do

04
1 do they like   2 does she buy
3 does the train leave 4 is it
5 do you go on a picnic

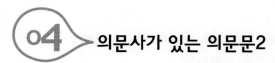

04 의문사가 있는 의문문2

Warm Up
p.60~61

A 1 girls 2 water 3 trees 4 cheese
5 babies 6 apples 7 juice 8 shoes 9 desks
10 milk

해석2 How many 뒤에는 셀 수 있는 명사의 복수형, How much 뒤에는 셀 수 없는 명사가 옵니다.

B 1 much 2 many 3 much 4 many
5 much 6 much 7 many 8 much 9 many
10 many

해석2 How many 뒤에는 셀 수 있는 명사의 복수형, How much 뒤에는 셀 수 없는 명사가 옵니다.

기초다지기
p.62~63

A

1 What time, he goes to school, What time, does he go to school?,
   What time does he go to school?
2 What color, you like, What color, do you like?,
   What color do you like?

해석2 의문사 덩어리가 오는 의문문에서는 의문사 덩어리를 하나의 의문사처럼 취급하여 의문문을 만들어야 합니다.

B

1 How often, she washes her hands, How often, does she wash her hands?,
   How often does she wash her hands?
2 How deep, this river is, How deep, is this river?,
   How deep is this river?

해석2 의문사 덩어리가 오는 의문문에서는 의문사 덩어리를 하나의 의문사처럼 취급하여 의문문을 만들어야 합니다.

A p.64~67

1 How many apples, he eats, How many apples,
does he eat?, How many apples does he eat?
2 How old, Ann is, How old, is Ann?,
How old is Ann?

해설² 의문사 덩어리가 오는 의문문에서는 의문사 덩어리를 하나의 의문사처럼 취급하여 의문문을 만들어야 합니다.

B

1 How much money, you have,
How much money, do you have?,
How much money do you have?
2 How many flowers, the girl sells,
How many flowers, does the girl sell?,
How many flowers does the girl sell?

해설² 'How+형용사+명사+do/does+주어+동사원형~?' 의문문입니다. 이런 의문문에서는 주어가 3인칭 단수이면 does가 오고, 주어가 1인칭이나 2인칭, 복수 주어가 오면 do를 사용합니다.

C

1 How many game CDs, the boy buys,
How many game CDs, does the boy buy?,
How many game CDs does the boy buy?
2 How much water, the dog drinks,
How much water, does the dog drink?,
How much water does the dog drink?

해설² 'How+형용사+명사+do/does+주어+동사원형~?' 의문문입니다. 이런 의문문에서는 주어가 3인칭 단수이면 does가 오고, 주어가 1인칭이나 2인칭, 복수 주어가 오면 do를 사용합니다. How many 뒤에는 셀 수 있는 복수 명사가 오고, How much 뒤에는 셀 수 없는 명사가 옵니다.

D

1 How much bread, they want,
How much bread, do they want?,
How much bread do they want?

2 How many books, Jane reads,
How many books, does Jane read?,
How many books does Jane read?

해설² 'How+형용사+명사+do/does+주어+동사원형~?' 의문문입니다. 이런 의문문에서는 주어가 3인칭 단수이면 does가 오고, 주어가 1인칭이나 2인칭, 복수 주어가 오면 do를 사용합니다.

실력 다지기 p.68~69

A **1** cuts **2** learn **3** calls **4** teaches
5 watches **6** work **7** sing **8** sits **9** play
10 are

해설² 의문사가 주어가 되는 경우, 영어의 어순에 따라 동사가 이어 나오게 됩니다. 'Who+동사~?'는 주어인 Who가 누구인지 알 수 없으므로 3인칭 단수로 취급하여 동사는 단수형이 옵니다. 'How many+복수명사+동사~?'인 경우는 주어가 복수이므로 복수동사가 옵니다.

B **1** cries **2** fly **3** eats **4** are **5** has
6 speak **7** go **8** is **9** read **10** drives

해설² 의문사가 주어가 되는 경우, 영어의 어순에 따라 동사가 이어 나오게 됩니다. 'Who+동사~?'는 주어인 Who가 누구인지 알 수 없으므로 3인칭 단수로 취급하여 동사는 단수형이 옵니다. 'How many+복수명사+동사~?'인 경우는 주어가 복수이므로 복수동사가 옵니다.

o5 비인칭주어 it

Warm Up   p.74~75

A 1 그것은 나의 멋진 자전거이다.   2 ○, 일요일이다.
3 ○, 5월이다.   4 ○, 1시간 걸린다.   5 그것은 큰 수박이다.
6 ○, 오늘은 눈이 온다.   7 ○, 이곳은 여름이다.
8 그것은 그녀의 예쁜 인형이다.

해설 비인칭 주어는 날씨, 날짜, 시각, 요일, 달(월), 연도, 계절, 거리,
시간, 명암을 표현할 때 쓰는 주어로 'it'으로 나타냅니다.

B 1 몇 시   2 무슨 요일   3 무슨 계절   4 얼마나 멀리
5 며칠   6 몇 년   7 무슨 달(몇 월)   8 얼마나 어두운
9 What day   10 How far   11 What year
12 What time   13 How dark   14 What season
15 What date   16 What month

기초 다지기   p.76~77

A 1 What   2 What   3 How, It's   4 X
5 What's   6 How, takes   7 date   8 month, it
9 day, it   10 year, It's

해설 날씨를 물어볼 때 쓰는 표현으로 How's the weather?가 있습니
다. What's the weather로 시작 할 때는 뒤에 like를 붙여 주는 것을 잊
지 말아야 합니다. 비인칭 주어 it으로 응답한 문장을 보고 무엇을 묻고
있는지 파악합니다. 비인칭 주어는 날씨, 날짜, 시각, 요일, 달(월), 연도,
계절, 거리, 시간, 명암을 나타냅니다.

B 1 What   2 date   3 year, It's   4 month, it
5 far, It's   6 season   7 like   8 How's, It's
9 day, it   10 How, It

해설 What is the weather like? = How is the weather?

꼭꼭 다지기   p.78~79

A 1 ②   2 ⑧   3 ④   4 ⑥   5 ⑦   6 ①   7 ⑤
8 ③

해설 year는 연도, weather는 날씨, dark는 명암, time은 시간, far는
거리, season은 계절, month는 달(월), long은 걸리는 시간, date는 날
짜, day는 요일을 물어볼 때 쓰는 말입니다.

B 1 ⑤   2 ①   3 ②   4 ⑧   5 ⑥   6 ⑦   7 ④
8 ③

해설 year는 연도, weather는 날씨, dark는 명암, time은 시간, far는
거리, season은 계절, month는 달(월), long은 걸리는 시간, date는 날
짜, day는 요일을 물어볼 때 쓰는 말입니다.

실력 다지기   p.80~81

A 1 What, like   2 month, It's   3 day
4 date, It's   5 What   6 time   7 How, It's

해설 year는 연도, weather는 날씨, dark는 명암, time은 시간, far는
거리, season은 계절, month는 달(월), long은 걸리는 시간, date는 날
짜, day는 요일을 물어볼 때 쓰는 말입니다.

B 1 What, year   2 How's   3 How, far
4 What, It's   5 weather, like   6 How, take   7 date

06 전치사와 부사

Warm Up
p.86~87

A
1 in 2 to 3 in 4 on 5 at 6 in 7 at
8 up 9 in 10 on

해설 때를 나타내는 전치사 : at+시각/밤, in+달/계절/연도, on+요일, in the+아침/점심/저녁

B
1 by 2 in 3 in 4 under 5 up 6 behind
7 on 8 in 9 at 10 in

해설 위치를 나타내는 전치사 : on(~위에), under(~아래에), next to/by(~옆에), behind(~뒤에), in(~안에) 방향을 나타내는 전치사 : to(~로), up(~위로), down(~아래로) 때를 나타내는 전치사 : at+시각/밤, in+달/계절/연도, on+요일, in the+아침/점심/저녁

기초 다지기
p.88~91

A
1 on 2 behind 3 in 4 under 5 by

해설 위치를 나타내는 전치사 : on(~위에), under(~아래에), next to/by(~옆에), behind(~뒤에), in(~안에)

B
1 behind 2 on 3 in 4 by 5 behind

해설 위치를 나타내는 전치사 : on(~위에), under(~아래에), next to/by(~옆에), behind(~뒤에), in(~안에)

C
1 on 2 in 3 On 4 on 5 to 6 up 7 at
8 in 9 at 10 In

해설 방향을 나타내는 전치사 : to(~로), up(~위로), down(~아래로) 때를 나타내는 전치사 : at+시각/밤, in+달/계절/연도, on+요일, in the+아침/점심/저녁

D
1 in 2 on 3 at 4 at 5 in 6 in 7 up
8 in 9 to, on 10 in

해설 방향을 나타내는 전치사 : to(~로), up(~위로), down(~아래로) 때를 나타내는 전치사 : at+시각/밤, in+달/계절/연도, on+요일, in the+아침/점심/저녁

꼭꼭 다지기
p.92~93

A
1 happily, 행복하게 2 badly, 나쁘게, 심하게
3 softly, 부드럽게 4 kindly, 친절하게 5 nicely, 멋지게
6 merrily, 즐겁게 7 easily, 쉽게 8 cutely, 귀엽게
9 beautifully, 아름답게 10 carefully, 조심스럽게

해설 부사는 대부분의 형용사에 '-ly'를 붙여 만듭니다.

B
1 merrily/merry   2 cute/cutely
3 easily/easy   4 careful, carefully
5 beautiful/beautifully 6 bad/badly

실력 다지기
p.94~95

A
1 kind, kindly 2 softly, soft 3 easy, easily
4 merrily, merry 5 nicely, nice

B
1 happy 2 kindly 3 badly 4 beautiful
5 soft 6 carefully 7 nice 8 cute 9 easily
10 softly

Review Test 2
p.96~101

Unit 4

01
1 roses 2 bread 3 much 4 many 5 many

02
1 sings 2 are 3 takes 4 are 5 draws

03
1 does he play tennis 2 does Bill make
3 is this snake 4 does she like 5 do you need

04
1 Who, takes 2 are, in a week 3 Who, checks
4 Who, studies 5 go

Unit 5

01

1 it, It   2 What   3 X, It's   4 takes   5 What's, It's
6 date

02

1 It's   2 What season   3 What day   4 is it
5 How long   6 It's   7 How's, It's

03

1 on   2 on   3 behind   4 by   5 up

04

1 under   2 down   3 in   4 under   5 by

Unit 6

01

1 at   2 in   3 at   4 in   5 in

02

1 in   2 at   3 on   4 in   5 in

03

1 nicely   2 beautiful   3 easily   4 kind
5 happily

04

1 careful   2 cutely   3 merrily   4 nice   5 softly

 **명령문과 감탄문**

Warm Up   p.106~107

 A   1 Have   2 Clean   3 Do   4 Be   5 go   6 Be
7 take   8 Be   9 talk   10 Put

해설1 명령문은 상대방에게 지시하는 문장이기 때문에 주어를 없애고 동사원형으로 시작하는 문장을 만듭니다.

 B   1 Read   2 Turn   3 Watch   4 Let's go
5 Close   6 Let's play   7 Make   8 Let's jump
9 Look   10 Let's stop

해설2 명령문은 동사원형으로 시작합니다.

기초다지기   p.108~109

 A

1 Study English hard.
2 Let's have some sandwiches for lunch.
3 Drive carefully.
4 Let's push the car.
5 Catch a taxi.
6 Let's play the video game.
7 Turn on the TV.
8 Let's go to Judy's birthday party.
9 Wash your sneakers.
10 Let's paint the roof.

B

1 Don't do that.
2 Let's not drink coffee.
3 Don't wear a sunglasses.
4 Don't run in the hallway.
5 Don't look out of the window.
6 Let's not go shopping.
7 Don't water these flowers.
8 Let's not write back to him.

9 Let's not try it.

10 Don't swim in the river.

 부정 명령문은 문장 앞에 Don't를 붙이면 되고, 제안하는 문장의 부정문은 Let's 뒤에 not을 붙이면 됩니다.

 p.110~113

A

1 How

2 water, What

3 How

4 man, What

5 dog, What

6 How

7 How

8 cake, What

9 How

10 girl, What

B

1 How hungry, I am!

2 What a fine day, it is!

3 What a nice hat, this is!

4 How well, Yuna skates!

5 How hot, the coffee is!

6 What a long hot dog, that is!

 very를 what이나 how로 바꿔 문장 앞으로 보내고 뒤에 '주어+동사'를 그대로 붙여 주면 됩니다.

C

1 What a good girl, she is!

2 What a big cake, that is!

3 How fresh, the eggs are!

4 How old, the man is!

5 What a pretty bird, it is!

6 How fat, my mom is!

 very를 what이나 how로 바꿔 문장 앞으로 보내고 뒤에 '주어+동사'를 그대로 붙여 주면 됩니다.

D

1 How hard 2 How slow 3 What a funny story
4 What a skinny woman 5 How fast 6 How pretty 7 What a nice friend 8 How small
9 What a cute baby 10 What a sweet stick candy

 p.114~115

A

1 How, they 2 sick, is 3 a warm woman, she 4 What, is 5 well, Tom 6 What, are
7 What, hot water 8 small, Jack's eyes 9 What, he 10 How, that student

B

1 What a slim girl Jane is

2 What a large city New York is

3 How well he speaks English

4 How young she looks

5 What a famous actor Tom is

6 How soft this bread is

7 How boring the movie is

8 What a warm sweater it is

9 How thick these books are

10 How beautiful those roses are

08 조동사 can과 접속사

Warm Up
p.120~121

A 1 can play   2 can play   3 can play
4 can play   5 can play   6 can play   7 can play
8 can play   9 can sing   10 can sing   11 can sing
12 can sing   13 can sing   14 can sing
15 can sing   16 can sing

해설 조동사 can은 '~할 수 있다'라는 뜻을 지니고 있으며, can 뒤에는 반드시 동사원형이 옵니다.

B 1 walk   2 buy   3 do   4 meets   5 eat
6 loves   7 go   8 find   9 listens   10 rides

해설 조동사 can은 '~할 수 있다'라는 뜻을 지니고 있으며, can 뒤에는 반드시 동사원형이 옵니다.

기초 다지기
p.122~123

A 1 drink   2 read   3 plays   4 change
5 drive   6 sleeps   7 run   8 study   9 play
10 look for

해설 조동사 can은 '~할 수 있다'라는 뜻을 지니고 있으며, can 뒤에는 반드시 동사원형이 옵니다.

B 1 can't ski   2 can't push   3 can't do
4 can't make   5 can't teach   6 Can you speak
7 Can she see   8 Can they get   9 Can John give
10 Can you dance

해설 can이 있는 문장의 부정문은 can 뒤에 not을 붙이면 됩니다. 단, cannot의 줄임말은 can't입니다. can이 있는 문장의 의문문은 주어와 can의 위치를 바꾸고, 문장 뒤에 물음표(?)만 붙이면 됩니다.

꼭꼭 다지기
p.124~125

A 1 I can't catch   2 Can she call
3 We can't speak   4 Your son can't go
5 Can you hear   6 His brothers can't carry
7 Can Abby write   8 Can you leave
9 We can't meet   10 Can the boy talk

해설 can이 있는 문장의 부정문은 can 뒤에 not을 붙이면 됩니다. 단, cannot의 줄임말은 can't입니다. can이 있는 문장의 의문문은 주어와 can의 위치를 바꾸고, 문장 뒤에 물음표(?)만 붙이면 됩니다.

B 1 he can   2 she can   3 you can't
4 she can   5 I can't   6 she can't   7 they can
8 we can't   9 he can   10 I can't

해설 Can으로 시작하는 의문문의 대답은 Yes나 No로 하고, 동사는 can을 사용하면 됩니다.

실력 다지기
p.126~127

A 1 and   2 but   3 and   4 but   5 or   6 and
7 but   8 or   9 or   10 and

해설 and : 단어나 문장을 연속해서 이어 줄 때
or : (두 개 이상에서) 선택할 때
but : 앞뒤 내용이 반대일 때

B 1 and   2 but   3 and   4 or   5 and   6 and
7 but   8 and   9 but   10 or

해설 and : 단어나 문장을 연속해서 이어 줄 때
or : (두 개 이상에서) 선택할 때
but : 앞뒤 내용이 반대일 때

o9 미래형

Warm Up
p.132~133

A 1 will be 2 will be 3 will be 4 will be
5 will be 6 will be 7 will be 8 will be
9 am going to run 10 are going to run
11 is going to run 12 is going to run
13 is going to run 14 are going to run
15 are going to run 16 are going to run

해설 미래 문장은 미래형 조동사 will이나 be going to를 동사 앞에 붙여서 만들 수 있습니다. 단, will이나 be going to 뒤에는 반드시 동사원형이 와야 합니다.

B 1 closes 2 play 3 brushes 4 wear
5 see 6 lives 7 be 8 meet 9 learn 10 hate

해설 미래 문장은 미래형 조동사 will이나 be going to를 동사 앞에 붙여서 만들 수 있습니다. 단, will이나 be going to 뒤에는 반드시 동사원형이 와야 합니다.

기초 다지기
p.134~135

A 1 be 2 get 3 go 4 play 5 visit
6 keeps 7 learn 8 be 9 uses 10 see

해설 미래 문장은 미래형 조동사 will이나 be going to를 동사 앞에 붙여서 만들 수 있습니다. 단, will이나 be going to 뒤에는 반드시 동사원형이 와야 합니다.

B 1 will work 2 is going to teach 3 will call
4 are going to look 5 will travel 6 will pay
7 is going to cut 8 is going to put 9 will build
10 are going to talk

해설 미래형 will은 be going to로 바꿔 쓸 수 있습니다.

꼭꼭 다지기
p.136~137

A 1 won't take 2 won't follow 3 won't play
4 won't catch 5 won't buy 6 Will you ski
7 Will he sell 8 Will she make 9 Will you send
10 Will Peter drive

해설 will이 들어간 문장의 부정문은 조동사 will 바로 뒤에 not을 붙이고, 의문문은 주어와 will의 위치를 바꾸고 문장 뒤에 물음표(?)를 붙이면 됩니다. will not의 축약형은 won't입니다.

B 1 isn't going to cook 2 am not going to fix
3 isn't going to rain 4 aren't going to move
5 aren't going to eat 6 Are you going to ski
7 Is he going to sleep 8 Is she going to iron
9 Are they going to play
10 Is Sam going to have

해설 be going to가 들어간 문장의 부정문은 be동사 바로 뒤에 not을 붙이고, 의문문은 주어와 be동사의 위치를 바꾸고 문장 뒤에 물음표(?)를 붙이면 됩니다.

실력 다지기
p.138~139

A 1 She won't eat 2 Will he visit
3 Will you talk 4 I won't order
5 The boy won't chat
6 They aren't going to ski
7 Are you going to take
8 Is she going to make
9 Mom isn't going to do
10 We aren't going to stay

해설 will이 들어간 문장의 부정문은 조동사 will 바로 뒤에 not을 붙이고, 의문문은 주어와 will의 위치를 바꾸고 문장 뒤에 물음표(?)를 붙이면 됩니다. be going to가 들어간 문장의 부정문은 be동사 바로 뒤에 not을 붙이고, 의문문은 주어와 be동사의 위치를 바꾸고 문장 뒤에 물음표(?)를 붙이면 됩니다.

B **1** he will **2** they aren't **3** I will **4** it won't
5 she is **6** we aren't **7** he is **8** she isn't
9 they won't **10** she will

해설 2 will이나 be going to로 시작하는 의문문의 대답은 Yes나 No로
하고, 동사는 각각 will과 be를 사용합니다.

 10 과거형

Warm Up
p.143~145

A

1 are, 이다. 현재형 were, 이었다. 과거형

2 were, 늦었다. 과거형 are, 늦는다. 현재형

3 was, 아름다웠다. 과거형 is, 아름답다. 현재형

4 is, 있다. 현재형 was, 있었다. 과거형

5 was, 이었다. 과거형 am, 이다. 현재형

해설 과거형은 지나간 일을 나타낼 때 사용하는 동사의 형태를 말하며,
우리말로는 '~이었다. ~했다'입니다.

B

1 was, were, was, was, was, were, were, were
2 was, were, was, was, was, were, were, were

해설 be동사의 과거형은 am과 is는 was로 바꾸고, are는 were로 바꿔
야 합니다.

C

1 was, was, were, was, were, were, was, were
2 were, was, was, were, were, was, was, were

기초 다지기
p.146~147

A **1** were **2** were **3** was **4** were **5** was
6 were **7** were **8** was **9** was **10** was

B **1** was **2** were **3** was **4** was **5** was
6 were **7** was **8** were **9** were **10** were

A 1 was not 2 was not 3 was not 4 were not 5 were not 6 Were you 7 Were the babies 8 Was it 9 Were the pigs 10 Was the team

B 1 he was 2 they were 3 he wasn't 4 they were 5 she wasn't 6 she wasn't 7 I was 8 he wasn't 9 it was 10 they weren't

Warm Up

A

1 watched, watched, watched, watched, watched, watched, watched, watched
2 read, read, read, read, read, read, read, read

B 1 worked 2 learned 3 called 4 looked 5 turned 6 walked 7 lived 8 liked 9 loved 10 erased 11 played 12 stayed 13 studied 14 fried 15 cried 16 tried 17 stopped 18 dropped 19 chatted 20 tapped

 일반동사의 과거형을 만들 때 대개는 −ed를 붙이지만, 'e'로 끝나는 동사는 +d, '자음+y'로 끝나는 동사는 y+ied,' 단모음+단자음'으로 끝나는 동사는 '+마지막 자음+−ed'입니다.

기초 다지기

A 1 jump, jumped 2 look, looked 3 call, called 4 like, liked 5 hate, hated 6 live, lived 7 love, loved 8 play, played 9 pray, prayed 10 stay, stayed 11 study, studied 12 carry, carried 13 cry, cried 14 try, tried 15 fry, fried 16 marry, married 17 stop, stopped 18 drop, dropped 19 kiss, kissed 20 pass, passed

해설2 일반동사의 과거형을 만들 때 대개는 −ed를 붙이지만, 'e'로 끝나는 동사는 +d, '자음+y'로 끝나는 동사는 y+ied,' 단모음+단자음'으로 끝나는 동사는 '+마지막 자음+−ed'입니다.

B 1 helped 2 walked 3 pushed 4 fried 5 cried 6 moved 7 danced 8 carried 9 worked 10 chatted 11 washed 12 tried 13 baked 14 looked 15 stopped 16 studied 17 loved 18 started 19 carried 20 jumped

해설2 일반동사의 과거형을 만들 때 대개는 −ed를 붙이지만, 'e'로 끝나는 동사는 +d, '자음+y'로 끝나는 동사는 y+ied,' 단모음+단자음'으로 끝나는 동사는 '+마지막 자음+−ed'입니다.

C 1 sat 2 wrote 3 read 4 ran 5 had 6 took 7 swam 8 came 9 ate 10 made 11 cut 12 drove 13 drank 14 slept 15 saw 16 gave 17 met 18 went 19 put 20 did

해설2 과거형으로 바꿀 때 전혀 규칙을 따르지 않는 불규칙 변화 동사들입니다. 이런 동사들은 무조건 외워야 합니다.

D 1 did 2 drank 3 gave 4 ate 5 slept 6 met 7 went 8 cut 9 ran 10 saw 11 drove 12 came 13 wrote 14 had 15 put 16 read 17 took 18 swam 19 made 20 sat

해설2 과거형으로 바꿀 때 전혀 규칙을 따르지 않는 불규칙 변화 동사들입니다. 이런 동사들은 무조건 외워야 합니다.

꼭꼭 다지기

A 1 cooked 2 will meet 3 ate 4 read 5 drank 6 swam 7 will write 8 sat 9 will go 10 will play

B 1 liked 2 slept 3 will play 4 rained 5 will put 6 will make 7 lived 8 talked 9 told 10 came

해설2 때를 나타내는 부사(구)에 따라 동사의 시제(현재, 과거, 미래)를 알맞게 써야 합니다.

 p.160~161

A 1 didn't walk 2 didn't study 3 didn't stop
4 didn't run 5 didn't give 6 Did you drive
7 Did the girl cut 8 Did the cat cry
9 Did my son drink 10 Did they skate

B

1 Dad didn't move   2 Did they walk
3 Kate didn't have   4 Her mom didn't visit
5 Did Jenny eat   6 Tim didn't carry
7 Did she take   8 I didn't see
9 Did he drop   10 Did you go

해설2 일반동사의 과거형이 있는 문장의 부정문은 인칭이나 수에 관계없이 didn't를 씁니다. 일반동사의 과거형이 있는 문장의 의문문은 do나 does 대신, 인칭에 관계없이 Did를 씁니다. did 뒤에는 동사원형이 옵니다.

C 1 they did 2 she did 3 he didn't
4 he did 5 I didn't 6 she didn't 7 he did
8 we didn't 9 he did 10 she didn't

해설2 Did로 시작하는 의문문의 대답은 Yes나 No로 하고, 동사는 did를 씁니다.

D

1 slept, My sister didn't sleep well.
2 was, She wasn't at home.
3 played, The kid didn't play with a ball.
4 were, We weren't angry.
5 learned, The students didn't learn music.
6 fried, Did he fry an egg?
7 drank, Did Tom drink a cup of water?
8 were, Were they hungry then?
9 saw, Did the girl see a horse?
10 was, Was mom diligent?

Unit 7

`01`
1 Write your name.   2 Let's play cards.
3 Be kind to kids.   4 Open your book.
5 Let's have dinner with Bill.

`02`
1 Let's not go to COEX.
2 Don't close your eyes.
3 Don't stop running.
4 Let's not make a big pizza.
5 Don't speak in English.

`03`
1 What 2 How 3 What 4 What 5 How

`04`
1 How rich they are!
2 How sad the move is!
3 What a cute baby he is!
4 How delicious this cake is!
5 What a lovely girl she is!

Unit 8

`01`
1 runs 2 can fix 3 can go 4 learns 5 can play

`02`
1 Can Bob write a novel?
2 I can't make a new friend.
3 They can't listen to the news.
4 Can she learn yoga from a video?
5 He can't teach music.

`03`
1 Can you finish your work by 6?
2 He can't leave for Paris.
3 Can she cook rice?
4 The old man can't walk.
5 They can't be here.

`04`
1 we can't 2 she can 3 they can't 4 it can't
5 he can

Unit 9

01

1 I am going to visit the zoo tomorrow.

2 We will make a robot.

3 They are going to take a taxi.

4 We will play baseball.

5 He is going to buy the book.

02

1 Will he invite his friend?

2 I won't buy a puppy.

3 We won't catch a rabbit.

4 Are they going to meet their teacher?

5 She isn't going to call Jane.

03

1 Bill isn't going to clean his room.

2 Is mom going to bring a shirt?

3 Are the girls going to dance?

4 Will you help your mother?

5 He won't wait for his brother.

04

1 I'm not.   2 she isn't.   3 he will.   4 we won't.

5 they are.

Unit 10

01

1 I was bored.

2 We were happy.

3 Tom studied science.

4 We ran into the building.

5 She ate some snack.

02

1 My parents weren't busy yesterday.

2 He wasn't in his room.

3 Jane didn't give him a pen.

4 I didn't drink a lot of water.

5 She didn't like Tom a lot.

03

1 Was she a doctor then?

2 Were Tom and Bill good friends?

3 Did he stop smoking?

4 Did Jane sit on the bench?

5 Did they play Taekwondo?

04

1 I wasn't.   2 he was.   3 they didn't.

4 he didn't.   5 she did

종합문제 1회

p.174~179

01 ②   02 ②   03 ①   04 ②   05 ③   06 ③

07 ③   08 Show me the picture.   09 fixes → fix

10 ②   11 ①   12 Are there two birds on the

tree?   13 ③   14 ③   15 ②   16 ③ 17 nicely

18 ①   19 ①   20 ③   21 ①   22 ②   23 ②

24 Were you   25 ③

01 there is 다음에는 단수 명사가 오고, there are다음에는 복수 명사가 옵니다.

02 e로 끝나는 동사는 e를 없애고 -ing를 붙입니다.

04 How many+복수명사~?

05 ①②는 비인칭 주어, ③은 대명사

06 동사를 꾸며 주므로 부사가 와야 합니다.

07 요일 앞에는 on을 씁니다.

08 명령문으로 바꾸는 방법은 주어를 없애고 동사원형을 앞에 씁니다.

10 미래형 (will) 에 대한 대답은 조동사 will을 사용해서 합니다.

12 there is/are의 의문문은 is/are만 주어 앞으로 오면 됩니다.

13 현재진행형은 'be동사의 현재형(am/are/is)+동사원형-ing'

14 일반동사가 쓰인 의문사가 있는 의문문은 '의문사+does/do+주어+동사원형~?'으로 나타냅니다.

15 How many girls+ 복수동사

16 비인칭 주어는 it을 사용합니다.

17 형용사+ly= 부사

18 ② at the morning → in the morning ③ on summer → in summer

19 부정 명령문은 명령문 앞에 Don't를 붙여 주면 됩니다.

20 'What+〈a(an)〉+형용사+명사+주어+동사!'

21 단어나 문장을 연속해서 나열할 때는 and, 서로 반대되는 문장이 올 때는 but을 씁니다.

22 will 뒤에는 동사원형이 와야 합니다.

23 read(읽다)의 과거형은 동사원형과 철자가 같은 read(읽었다)입니다. 다만 동사원형은 [ri : d]로 읽고, 과거형은 [red]로 발음합니다. see(보다)의 과거형은 saw(보았다)입니다.

24 be동사의 과거형 의문문은 was, were가 주어 앞으로 오면 됩니다. you(너는)으로 물으면 I(나는)으로 대답합니다.

25 현재진행형 만드는 법 : be동사(am/are/is)+동사원형-ing

종합문제 2회

p.180~185

01 ③   02 is cleaning up   03 ②   04 ①   05 ②
06 ③   07 ③ 08 ③   09 I won't help him
10 ①   11 met → meet 12 ③   13 ②   14 ②
15 ③   16 How   17 ②   18 ①, ② 19 ②
20 ③   21 ②   22 rides → ride   23 ③   24 ②
25 ②

01 Is there로 물으면, Yes, there is. 또는 No, there isn't. 로 대답합니다.

02 현재진행형: be동사 (am/are/is)+동사원형-ing

03 장소를 묻는 의문사는 where입니다.

04 가격이나 액수를 물을 때는 'How much+~?'를 사용합니다.

05 ①, ③은 비인칭 주어로 쓰였고, ②는 지시대명사로 쓰였습니다.

06 부사는 보통 형용사 뒤에 -ly를 붙여 만듭니다.

07 부정 명령문은 명령문 앞에 Don't를 붙여서 만듭니다.

08 can으로 물으면 can으로 대답하며, Judy가 3인칭 단수 여자이므로 she를 주어로 하여 대답합니다.

09 will의 부정문은 will 뒤에 not을 붙이거나 축약형 won't를 씁니다.

10 ② Where she cooks? → Where does she cook? ③ How he make a chair? → How does he make a chair?
의문사가 있는 의문문은 '의문사+do/does+주어+동사원형~'의 형태가 되어야 합니다.

11 didn't뒤에는 동사원형이 와야 합니다.

12 ①, ②는 형용사이고 ③는 부사입니다. 동사를 꾸며주는 것은 부사입니다.

13 의미상 알맞은 의문사를 사용해야 합니다. ① who → when ③ who → what

14 there is 다음에는 단수 명사, there are 다음에는 복수 명사가 옵니다.

15 현재진행형이므로 now가 가장 적당합니다.

16 수단 방법을 나타내는 의문사는 how입니다.

17 셀 수 없는 명사는 단수 취급하므로 is를 써야 합니다.

18 날씨를 물을 때는 How is the weather? 또는 What is the weather like?를 씁니다.

19 on the pool이 아니라 in the pool이 되어야 합니다.

20 주어와 동사를 뺀 나머지에 명사가 없으면 how로 감탄문을 만듭니다.

21 '할 수 있다'는 조동사 can을 써서 나타냅니다. can뒤에는 동사원형이 옵니다.

22 will뒤에는 동사원형이 와야 합니다.

23 write의 과거는 wrote입니다.

24 주어와 동사를 뺀 나머지에 명사가 있으면 what을 써서 감탄문을 만듭니다.

25 현재진행형: be동사(am/are/is)+동사원형-ing

MEMO